우리는 왜 혼자일 때 행복할까

이 도서의 국립중앙도서관 출판시도서목록(CIP)은 e-CIP 홈페이지(http://www.nl.go.kr/ecip)와
국가자료공동목록 시스템(http://www.nl.go.kr/kolisnet)에서 이용하실 수 있습니다.
(CIP제어번호: CIP 2011004151)

타인의 기대에 갇힌 이들을 위한 카운슬링

우리는 왜 혼자일 때 행복할까

폴커 키츠·마누엘 투슈 지음 | 홍성광 옮김

문학동네

'나'에게로 가는 길을 잃어버린 사람들에게

한번 상상해보세요

당신은 당신이 아는 모든 사람과 함께 세계 크루즈 여행을

떠나기로 했습니다.

그런데 떠나는 바로 그날, 간발의 차로 당신만 배를 놓쳐버렸습니다.

가족, 친구, 친지, 동료, 이웃 사람 들이 탄 배가 저 멀리 떠나가고 있습니다.

이 순간 당신의 마음은 어떤가요?

함께할 사람들이 떠나버려 아쉽나요? 아니면 혹시 후련한가요?

만약 이렇게 내 삶에 관여할 만한 모든 이가 당장 내일부터 사라진다면,

그래서 당신에 대해 기대하는 사람이 갑자기 아무도 없어진다면

어떻게 하겠습니까? 여태까지 그랬던 것처럼 계속 살아갈까요?

이 질문에 뜸들이지 않고 "네"라고 대답할 수 있나요?

그렇다면 당신은 바쁘고 즐거운 생활을 하는 겁니다.

하지만 당신은 자신의 삶이 아닌 타인의 삶을 살고 있는지도 모릅니다.

내 마음에 드는 삶이 아닌 주변 사람의 기대에 부응하는 삶 말입니다.

당신, 정말 당신이 원하는 삶에 대해

사람들은 사랑받고 인정받기 위해 노력합니다.

그 노력의 대부분을 타인의 기대대로 자신을 바꾸고

계발하는 데 씁니다.

하지만 자신의 삶을 외부적 요소에 맡기려는 순간

자기 자신은 물론 행복과도 멀어집니다.

자신을 향한 이 보이지 않는 수많은 기대를 걷어낼 수 있다면

우리 삶은 극적인 변화를 맞이할 것입니다.

그제야 우리는 '내가 정말 원하는 것이 무엇인지'를

궁금해하게 될 테니까요.

차례

1부

무엇이 우리의 삶을 조종하는가

1장

왜 나는 지금 행복하지 않을까

나는 갑자기 눈을 번쩍 뜹니다.

눈이 부십니다.

이내 시야에 흰 가운을 입은 두 사람이 들어옵니다. 한 사람이 나를 내려다보며 말합니다.

"기억을 완전히 상실하셨습니다."

다른 사람이 사무적인 어조로 알려줍니다.

"길에서 갑자기 의식을 잃으셨어요."

첫번째 남자가 말합니다.

"두 달 동안 혼수상태로 누워 있다가 오늘 깨신 겁니다.

자신에 대해 아무것도 기억하지 못할 거예요.

유감스럽게도 아무런 소지품도 발견되지 않았습니다."

나는 자리에서 일어나 병원을 나갑니다. 이제 무엇을 할까요?

세상에 아는 사람이 아무도 없습니다. 어떠한 규칙이나 예의범절, 관례도 알지 못합니다.

'이런 일은 이렇게 한다'거나 상식이라 일컬을 만한 어떤 것도 알지 못합니다.

친구들이 무엇을 쿨하다고 여기는지,

어떤 일에 대해 왜 눈살을 찌푸리거나 야유를 보내는지 알지 못합니다.

상의 주머니를 뒤져봅니다. 거기엔 아무것도 없습니다.

애인이나 가족 사진도 없습니다. 무슨 일을 하고 살았는지 알 수 있는 명함도 없습니다.

다이어리는커녕 주소록도 없고,

페이스북 접속 날짜라도 저장되어 있을지 모르는 스마트폰도 없습니다.

나는 사람들이 내게 무엇을 기대하는지, 무엇을 보고 들으려고 하는지 알지 못합니다.

그럼 남아 있는 것이 무엇인가요? 기댈 곳은 나밖에 없습니다.

행동을 멈추고 귀를 기울입니다.

가슴에서 나오는 소리, 그것이 내게 말을 거는 유일한 목소리입니다.

그것은 나의 욕구이자 소망이고 나를 움직이는 유일한 자극입니다.

이러한 욕구와 소망은 내면 깊은 곳에서 나옵니다.

왜 나는 지금
행복하지 않을까

지금과 다른 삶이 가능하다면

—

거리에 과자와 음료수를 파는 가판대가 보입니다. 나는 지나가면서 안에 과일이나 브랜디 등이 들어 있는 초콜릿을 한 움큼 집어 듭니다. 음, 맛있습니다. 강가를 거닐다 잠시 풀밭에 누워 햇볕을 쬡니다. 피부에 닿는 햇빛의 감촉이 참으로 좋습니다.

거리를 계속 걷다 바닥에 떨어진 분필 한 조각을 발견하고 아스팔트 위에 무언가를 즉흥적으로 그립니다. 무슨 그림인지는 모르겠지만 마음 가는 대로 손이 따라서 움직입니다.

주위에 점점 더 많은 사람이 모여듭니다. 사람들은 서로 작은 소리로 수군거립니다. 내 앞으로 동전 몇 개를 던지는 사람도 더러 있습니다. 나는 주변이 어두워지는 것을 미처 깨닫지 못합니다. 하루 종일

나는 거기서 그림을 그렸습니다. 정말 마음에 드는 그림이라고 생각합니다. 이제부턴 계속 그림을 그리고 싶습니다. 그림을 그릴 때는 시간이 어떻게 흘러가는지 모를 정도입니다. 이제까지 시계가 왜 필요했는지 모를 정도로.

갑자기 어떤 남자가 사람들 틈을 헤집고 마구 달려듭니다.

"여기 있었군!"

초콜릿 가판대의 주인입니다.

"돈도 안 내고 물건을 그냥 가져가다니! 어서 돈 내놓으시지!"

빚을 갚기 위해 바닥에서 동전 몇 개를 집어 들고는 낯선 남자를 유심히 쳐다봅니다. 이 사람은 내가 깨어난 후 처음으로 눈을 맞춘 사람입니다. 그날 저녁 나는 그 낯선 남자와 강가에서 함께 시간을 보냅니다. 초콜릿 가판대의 주인은 브라질 출신입니다. 그는 자신과 가족에 대한 이야기를 들려줍니다. 마음이 맞은 우리는 함께 살아갈 계획을 세웠습니다. 아틀리에와 초콜릿을 만드는 조그만 작업장을 만들고, 크고 작은 동물을 많이 키우면서 살기로 합니다.

우리는 다음 날 아침이 될 때까지 지치지 않고 계속 이야기를 나눕니다. 이때 한 여자가 갑자기 나타나 믿을 수 없다는 듯 우리를 쳐다보며 소리칩니다.

"세상에, 대체 어디 있었던 거예요?"

그녀는 우리를 이끌고 어떤 집으로 데려갑니다. 나는 그녀와 12년 전에 결혼했다는 것을 알게 됩니다. 또한 내가 대학에서 그래픽디자인을 전공하려 했다는 사실도 알아냅니다. 하지만 다들 다음과 같이 말했다고 하는군요.

선생님이 말했습니다.

"그걸로는 돈을 벌지 못해."

친구들이 말했습니다.

"우리는 경영학을 공부할 거야."

부모님이 말했습니다.

"우리 가족 중에는 예술가가 없단다."

결국 난 경영학을 전공했습니다. 명함에는 '글로벌 세일즈 전략본부장'이라고 적혀 있습니다. 나와 결혼한 여자가 흥분해서 말합니다.

"다국적 기업에서 마흔다섯 살에 그 자리까지 오른 사람은 여태껏 아무도 없었어요. 당신은 승진을 자축하는 의미로 최근 이 롤렉스시계를 샀어요. 회사의 다른 간부들도 모두 가진 것이라 오래전부터 갖고 싶어 했죠. 승진한 후 당신은 전보다 일찍 출근하기 시작했어요."

나는 낡은 사진첩을 넘기며 '나란 대체 어떤 사람인가?' 하는 소용돌이 같은 혼란을 느낍니다. 계속해서 기억을 되살려주려는 듯 그녀는 말을 이어갑니다.

"당신은 다른 세계의 사람에게 잠시 흔들린 것뿐이에요. 둘이 베네수엘라에 가서 예술가 농장을 세우겠다고요? 가당키나 한가요? 여기 이 사람은 그저 시장에서 과일을 파는, 무식쟁이라고요. 이제까지 당신이 만난 사람들과는 수준이 너무 달라요."

이때 아내라는 여자가 자신의 명함을 내 눈앞에 내놓습니다. 거기에는 '○○레스토랑 총지배인'이라고 적혀 있습니다. 그리고 "나는 레스토랑을 운영하고 있어요. 이 도시에서 손꼽히는 유명 레스토랑이죠"라고 자랑스럽게 말합니다. 이제 나는 이전 삶에 대해 많은 것을 알게 되었습니다. 듣자하니 나는 스시 대신 단것을 즐기다가 친구들에게 비웃음을 당한 후 초콜릿을 먹지 않게 되었다고 합니다. 지난해에는 애완동물을 키우려고 했지만 거실에 유명 디자이너의 작품인 고가의 소파가 있어서 포기했다고 합니다.

가슴에 손을 얹고 솔직히 말해보세요. 당신이 갑자기 기억력을 상실한다면, 그 결과 이전 삶의 모든 의무와 책임감을 상실한다면 어떻게 하겠습니까? 그러한 삶은 당신의 지금 삶과 어떤 차이가 있을까요?

우리는 현대사회가 자유로운 사회라고 생각합니다. 그러나 실은 강박, 의무, 책임감으로 가득 찬 사회입니다. 지난 수십 년 동안 그런 부담은 점점 더 늘어났습니다. 다른 사람의 기대를 충족시키지 않아도 된다면 우리 대부분은 자신의 삶을 극적으로 변화시킬지도 모릅니다. 그제야 '내가 원하는 것이 무엇인지'를 자문할지도 모릅니다.

우리는 주변에서 종종 과감하게 자신의 옛 삶을 내려놓고 새로운 길을 가는 사람의 이야기를 듣습니다. 아무도 알지 못하는 삶을, 아무도 그들에게 무언가를 기대하지 않는 삶을 말입니다. 그들은 자유로운 삶을 시작하는 이들입니다.

당신은 현재 자신의 삶과 좀 다르게 살아가고자 하는 사람인가요? 혹시 다음과 같이 생각하진 않나요?

☐ 학교만 졸업하면 자유로운 삶이 시작될 거야.
☐ 3억만 모으면 그때부터 내 삶은 달라질 거야.

☐ 내 집을 장만하면 마음 놓고 살 수 있겠지.

☐ 원하는 대학에 합격하면 더 이상 이렇게 살지 않겠어.

☐ 인생의 파트너를 만나면 새 삶을 꾸릴 수 있겠지.

☐ 다이어트에 성공하면 그때부터 진짜 나야.

☐ 취업에 성공해 안정되면 남들처럼 살 수 있겠지.

☐ 은퇴를 하면 나만의 삶이 시작될 거야.

당신에게는 이미 좋은 직업, 좋은 친구, 착한 자녀, 상당한 자산이 있을지도 모릅니다. 그럼에도 몇 년 전부터, 어쩌면 수십 년 동안 '드디어 내 삶이 시작될 날'을 무턱대고 기다려왔는지도 모릅니다.

어릴 적 우리는 아무런 걱정도 부담도 없었습니다. 서너 살이었을 때, 끝없이 꼼지락거리며 무언가를 하려 했던 그때를 떠올려보세요. 엄마가 감춰둔 초콜릿을 찾으려고 얼마나 분투했는지 모릅니다. 그 순간에 우리는 자신이 무엇을 원하는지, 무엇을 하려는지 아주 정확히 알고 있었습니다.

이러한 바람은 우리 마음을 강력한 에너지로 채워주었고, 그것은 부드럽지만 힘찬 어린 시절의 원동력이었습니다. 원하는 것이 충족되지 않으면 우리는 종종 부모님이 창피할 정도로 큰 소리로 오래 울었습니다. 집이나 길거리, 유치원이나 슈퍼마켓 계산대, 다른 사람들 앞에서 말입니다. 어떻게 해서든 초콜릿을 먹기 위해 집을 온통 어질러놓고 그것을 찾으려고 난리를 쳤습니다. 그리고 결국 그것을 찾아 입에 넣었습니다. 우리에게는 종종 금지나 반대에 맞서 우리 마음을 채웠던 열망이 있었습니다. 우리는 자신의 힘으로 뭔가를 이루었다는 마음에 행복했습니다.

언제부터 '하고 싶다'가 '해야 한다'로 바뀌었나
－

성인이 되고 나서는 무슨 일을 두 번이나 세 번 시도하는 일이 드뭅니다. 일이 잘 되지 않으면 금방 안 될 거라고 판단하고 대체로 다시 시도하지 않습니다. "다시 해봤자 소용없어. 무의미한 일이야"라고 우리는 스스로 말합니다. 하지만 우리는 어릴 적에 걸핏하면 넘어지지 않았나요? 그때마다 다시 일어나서 걸으려고 뒤뚱거리지 않았나요? 두 번쯤 넘어져 아프다는 것을 경험한 후에 어른들처럼 '그것은 아무 의미가 없어'라고 결정했더라면 우리는 결코 걷는 법을 배우지 못했을 겁니다. 지금도 울타리를 쳐놓은 유아용 놀이 공간에 앉아 있을지도 모릅니다.

우리는 종종 걷는 법을 배울 것인가 또는 여생을 유아용 놀이 공간에서 보낼 것인가를 선택해야 하는 상황에 직면합니다. '걷는 법 배우기'라는 칸을 다른 단어로 채울 수도 있습니다. 걷는 법을 배우는 것과 달리 어떤 꿈들은 결코 쉽게 사라지지 않습니다. 다만 그 꿈을 이루려는 노력을 제대로 하지 않았고, 그러다가 어느 순간 그것을 잊었을 뿐입니다.

말하자면 삶의 어떤 영역에서 우리는 여전히 놀이 공간에 죽치고 있습니다. 우리 스스로 그런 소망을 쫓아버렸다는 사실을 깨닫는 것 자체가 고통스러울지도 모릅니다. 하지만 어떤 꿈도 다시 시작하기에

나의 가장 큰 소망은 되도록 많은 세상을 돌아다니는 것

어릴 적 나는 몇 시간이고 빛으로 반짝이는 지구본 앞에 앉아 먼 곳의 다른 세상은 어떤 모습일지 상상하곤 했다. 지금도 사실 그런 생각이 변하지는 않았다. 그러나 지금 나는 인터넷 서핑을 하며 먼 세계를 꿈꾼다. 실제로는 날마다 채광창을 바라보며 회색 사무실에 앉아 있을 뿐이지만.

_ 카트린(27세, 텔레콤 조정실 직원)

다복한 가정을 꾸려 큰 농장에서 함께 살고 싶다

나는 현재 아내와 이혼해 두 아이와도 자주 만나기 힘들다. 내가 생각하는 이상적인 삶은 내게 의미 있는 많은 사람들과 큰 농장에서 함께 사는 것이다. 일종의 코뮌에서 아이와 동물 들과 함께 화가와 조각가로 창조적인 활동을 하며 사는 것을 꿈꾼다. 하지만 현실 속 나는 프랑크푸르트의 집에서 혼자 살면서, 주로 이름과 숫자를 가지고 일한다. 사람들은 모두 그런 내가 크게 출세했다고 말한다.

_ 제바스티안(41세, 광고회사 회계 주임)

작가가 되고 싶다는 꿈은 접어두고 있지만……

나는 어린 시절에 이야기를 쓰고 그것으로 직접 책을 만들곤 했다. 다른 아이들이 시장놀이를 할 때 나는 책방놀이를 하면서, 내가 만든 책을 서가에 정리했다. 어릴 적부터 꿈이었던 작가가 되고 싶었지만 우리는 옛날부터 법조인 집안이었다.

_ 엘레나(32세, 변호사)

너무 늦은 것은 없습니다. 그리고 걷는 법을 배우는 것도 마찬가지입니다. 우리는 이 책에서 당신이 한 걸음 한 걸음 옮기는 데 도움이 될 만한 것을 소개하려 합니다.

자신의 소망을 인식하고 스스로의 힘으로 그것을 실현한다면 진정한 행복을 맛볼 것입니다. 당신이 어릴 적에 결국 초콜릿을 얻어냈다면, 끈질기게 노력해 중요한 새 고객을 얻을 수 있다면, 정성껏 요리해 맛 좋은 음식을 만든다면, 정원에서 토마토를 정성스레 키워 수확한다면, 미뤄온 지하실 청소를 한 뒤 흡족한 기분으로 그 결과를 지켜본다면, 멋진 그림을 그려서 소파 위에 걸어놓는다면 그런 행복감을 맛볼 수 있겠지요.

심리학에서는 이러한 경험을 자기효과 경험이라고 부릅니다. 자기효과 경험이란 자신의 행위로 무언가를 실현할 수 있고, 자신의 삶과 환경을 스스로 통제하고 바꿀 수 있음을 체험하는 것입니다. 자기효과 경험은 우리를 행복하게 해주고 우리에게 자신감을 줍니다. 우리는 그런 경험을 통해 자신을 적극적이고 행동하는 사람, 살아 있는 삶의 주체로 느낄 수 있게 됩니다. 그것은 성취하는 삶, 만족하는 삶에 이르는 열쇠입니다. 반면에 우리가 자신을 외부의 영향이나 외적인 강박의 희생자로, 수동적이고 피동적인 존재로 여긴다면 우리는 불행해집니다.

어릴 적에 우리는 훨씬 자주 자기효과 경험을 했습니다. 성인이 되고 나서도 당연히 그런 경험을 하지만, 유감스럽게도 예전만큼 그리 자주 경험하지는 못합니다. 살아가는 동안 주위 사람들이 점점 더 자주 우리가 해야 할 일을 말해주기 때문입니다.

그들은 우리에게 특정한 규칙이 있음을 가르칩니다. 먼저 가정에서, 유치원에서, 학교에서, 그리고 오늘날은 직장생활에서, 여가시간에, 부부생활에서 그러합니다. 어릴 때 초콜릿을 먹으려고 할 때면 아마 "초콜릿은 몸에 좋지 않아"라는 말을 들었을 겁니다. 하지만 "난 그래도 초콜릿을 먹을 테야!"라고 소리쳤다면 그에 대한 답으로 우리 삶을 점점 변화시키는 한마디를 듣게 되었을 겁니다.

"네가 무엇을 원하든 그건 중요하지 않아!"

이론적으로 볼 때 성인이 된 뒤 우리는 자신의 삶을 직접, 예전보다 훨씬 더 적극적으로 꾸려갈 수 있고, 자기효과 경험을 하나씩 하나씩 할 수 있습니다. 하지만 어른이 된 지금도 모두들 우리에게 단호하게 소리칩니다.

"네가 무엇을 원하든 그건 중요하지 않아!"

이제는 이런 말이 너무 익숙해져서 무감각해지진 않았나요? 하지만 조용한 순간에 자신의 삶을 곰곰 돌아본다면 '이건 내가 상상했던 삶이 아니야'라고 말할지도 모릅니다.

사람들은 "그렇게 하는 게 아니야" "그래서는 안 돼" "그건 할 수 없는 일이야"라는 말을 어릴 때 부모님이나 선생님이 그랬던 것만큼 그렇게 직설적으로 하지 않습니다. 그래서 미처 알아채지 못할 수도 있습니다. 그렇지만 현대사회는 삶을 단단히 옭아매는 강박이라는 시계를 사람들에게 안겨줍니다. 이러한 강박을 우리에게 자꾸만 속삭이는 바람에 자신이 무엇을 원하는지를 더 이상 깨닫지 못하게 됩니다. 이러한 사실은 다음 장에서 더욱 분명하게 알 수 있을 겁니다. 현대인의 삶이 얼마나 이상한 곳으로 흘러가는지 알면 깜짝 놀랄 겁니다.

너무나 많은 강박이 오늘날 사람들의 삶을 조종하기 때문에 우리는 자신의 욕구가 좋지 않다, 혹은 옳지 않다는 말을 듣게 됩니다. 사람들은 자기 자신의 가슴과의 만남을 잃어버렸습니다. 가슴 깊은 곳에서 소망이 나오는데 말입니다. 가슴은 소망으로 우리를 채우는 원천이자 우리 삶을 완전히 차지할 수도 있는 것입니다. 많은 사람들은 자신과의 관계를 잃었습니다. 그래서 더할 나위 없이 불행해졌습니다. 오늘날 자기가 진정으로 무엇을 원하는지 제대로 표현할 수 있는 사람은 드뭅니다. 이러한 일은 오래전부터 있어왔습니다. 이에 관해 한 텔레비전 편집인이 우리에게 다음 이야기를 들려주었습니다.

언젠가 내 친구의 여자친구인 사라가 전화를 걸어왔습니다. 스물한 살인 그녀는 막 신문방송학을 공부하기 시작했습니다. 실습 장소를 찾던 그녀는 지원서를 내기 위해 내게 개인적으로 추천서를 써달라고 부탁했습니다. 나는 기꺼이 그 일을 도와주려고 했습니다. 나는 먼저 그녀가 어디에 지원서를 낼 것인지 물어보았습니다.

"어느 부서에서 실습하고 싶은가요?"

그녀의 대답은 이랬습니다.

"제 전공을 생각하면 보도 편집, 극영화, 홍보실 같은 부서가 맞을 것 같아요. 마케팅이나 기업 전략도요."

나는 그녀에게 또 물었습니다.

"그중 가장 일하고 싶은 곳이 어디인가요?"

"우린 기초 과정으로 6주간 실습을 해야 해요. 어느 부서에서 일하든 앞으로의 이력에 좋은 스펙이 될 거예요."

"그 말은 알겠는데, 만약 부서를 선택할 수 있다면 어디에서 일하고 싶냐고요?"

그러자 한순간 침묵이 흘렀습니다. 사라는 난처한 모양이었습니다. 마침내 그녀는 대답하는 대신 자신감 없이 내게 반문했습니다.

"대체 저에게 그런 질문을 하는 이유가 뭔가요?"

사라는 어릴 적 구사할 수 있는 단어가 몇 개 되지 않았을 때도 원하는 것을 또렷이 표현했을 겁니다. 엄마가 음식을 떠먹여주려고 하면 "내가 직접 먹을 거야!"라고 완강하게 말했을 겁니다. 하지만 거의 20년이 지나 어휘 구사에 문제가 없는 오늘 그녀는 "원하는 게 뭔가요?"라는 단순한 질문에도 제대로 답변을 못하고 쩔쩔맵니다.

그것은 그녀가 어떤 선택을 해야 할지 몰라서가 아닙니다. 그녀는 선택의 가능성을 직접 적절하게 열거했으니까요. 그 가운데 딱 하나만 선택하지 못했던 것이지요. 그녀는 자신의 학업에 무엇이 필요한지, 실습 규정이 어떤지, 자신의 이력에 무엇이 좋은지 알고 있습니다. 그러다가 마지막에 가서 상대방에게 직접 그가 들으려고 하는 요지가 무엇인지 반문합니다.

이러한 장면은 유감스럽게도 우리 시대에 너무 흔합니다. 실습 중개 회사 프락티카praktika.de의 대표인 슈테베 리델은 『프랑크푸르터 알게마이네 차이퉁』과의 인터뷰에서 구직자들에게 왜 이런저런 실습을 했는지 물으면 대부분 '어쩌다가'라는 답변이 돌아온다고 말했습니다. 한번 직접 테스트해보세요. 누군가에게 원하는 것이 무엇인지 단도직입적으로 물어보세요. 그러면 대체로 앞에서 예를 든 텔레비전

편집인의 경우처럼 상대방은 당황해서 어쩔 줄 몰라 할 겁니다.

이에 대해 미국의 저명한 코칭 작가 바버라 셔Barbara Sher는 베스트셀러 『내가 원하는 것을 알 때에 비로소 뭐든지 할 수 있다 *I Could Do Anything If I Only Knew What It Was*』에서 적절하게 지적했습니다. 그녀는 우리 내면의 '나는 원한다'를 우리 가족의 '넌 해야 한다'로 대체한 사실을 기술하고 있습니다. 우리가 자신의 진정한 욕구, 진정한 자기에게로 가는 길을 잃어버린 데는 가족의 기대가 한몫한 것이 분명합니다. 하지만 우리는 바버라 셔의 책에서 몇 걸음 더 나아가려 합니다. 우리가 살고 있는 지금 이 사회를 돌아보겠습니다.

자유가 많아질수록 결단력은 약해진다
—

사회가 어느새 주변에 아주 촘촘한 강박 망網을 구축해놓은 바람에 이러한 강박이 우리 삶의 구석구석을 규정하고 있습니다. 우리는 스스로 원하든 원하지 않든 어느새 이런 강박을 받아들이고, 공고히 하고, 재생산하며 여기에 사로잡혀 생활합니다. 이는 이러한 강박이 대부분 자유라는 미명하에 생겨났기 때문입니다.

강박은 자유라는 이름 아래 피어나서 번성합니다. 겉으로 보자면 어떤 사회도 오늘날만큼 자유로운 적이 없었습니다. 사람들이 오늘날만큼 개인적인 생활을 하고 결단을 내릴 수 있었던 적은 한 번도 없었습니다. 우리에게 이렇게 많은 가능성이 열린 적이 없었고, 우리의 소망과 욕구에 완전히 부응하는 '규격에 맞는 삶'을 이토록 독립적으로 수행해본 적도 없었습니다. 겉으로 보자면 말입니다.

자유가 많을수록 불만이 커진다는 말이 얼핏 모순처럼 들릴지도 모릅니다. 하지만 우리 모두는 예컨대 레스토랑에서 그런 일을 경험하고 있습니다. 인근 술집에 세 가지 메뉴만 있다고 하면 어떤 선택을 하든 우리는 대체로 그 선택에 만족합니다. 그런데 우리가 중국 음식점에서 200가지가 넘는 요리(마늘이 들어가는지 안 들어가는지, 쇠고기인지 돼지고기인지, 볶는지 찌는지 등등으로 구별되는)가 있는 메뉴판을 놓고 골똘히 생각할 때는 어떤 선택을 하든 대체로 만족감을 느끼지 못합니다. 우리가 수십 가지나 되는 휴대폰 요금제 중에서 하나를 선택해야 할 때도 마찬가지입니다.

우리는 모든 것을 잘 살피고 모든 규칙을 지키기만 했다면 더 완벽한 선택을 할 수 있었을 거라고 확신합니다. 이처럼 선택할 수 있는 가짓수가 많을수록 만족도는 낮아집니다. 심리학자 배리 슈워츠Barry Schwartz는 이것을 '선택의 역설'이라 부릅니다.

우리는 자유가 점점 더 많아짐에도 점점 더 불만족스러워집니다. 수많은 연구 결과가 이 사실을 뒷받침합니다. 그중 가장 흥미로운 것은 여성의 '자유와 행복의 상관관계'에 관한 연구입니다. 펜실베이니아 대학의 벳시 스티븐슨Betsey Stevenson 교수와 저스틴 울퍼스Justin Wolfers 교수는 그들의 연구 논문에서 '여성 행복 감소의 역설'을 밝혀냈습니다. 지난 수십 년 동안 여성의 상황이 이전 시절과 비교해 점점 더 개선되었고, 여성이 훨씬 더 많은 독자성과 선택 가능성을 가지고 있음에도 그들은 더 불만족스러워졌습니다.

일을 할 때 우리는 승진이나 인센티브 등의 가능성을 염두에 두고 유연하게 움직입니다. 일을 마친 후에는 자유롭게 능동적으로 여가 시간을 누린다고 생각합니다. 하지만 우리는 이미 오랫동안 진정으로 '자신을 위한' 일은 아무것도 하지 않고 있습니다. 우리는 단지 어떤 역할을 수행할 뿐입니다. 우리는 우리가 어떤 행동을 할 때마다 단지 외부의 강박에만 부응할 뿐이라는 사실을, 이미 오랫동안 우리의 진정한 욕구를 느끼지 못하고 있다는 사실을 깨닫지 못합니다.

이 말을 듣고 '뭘 그렇게까지……' 혹은 '난 잘 모르겠는데요?'라고 생각할지 모릅니다. 자신이 그런 모든 구속으로부터 자유롭다고 생각합니까? 그렇다면 지금부터 그 반대임을 입증하겠습니다.

당신이 지금까지 이 책을 읽었다면 앞에서 언급한 '진짜 내 삶은 시작되지 않았다'는 대목에 크게 공감했을 겁니다. 그렇지 않으면 책장을 계속 넘기지 않았을 것이고, 애당초 이런 책을 손에 쥐지도 않았을 테니까요. 삶이 아직 제대로 시작된 게 아니라고 당신이 계속 느낀다면, 그리고 그것에 대해 불행해한다면 분명 그것은, 방금 말한 것처럼 삶 자체를 손 안에 쥐는 경험, 자신의 욕구와 소망에 따라 삶을 움직여본 경험, 즉 자신을 행복하게 만드는 자기효과 경험이 부족한 탓입니다. 그 이유는 마음속 소망이 외부의 요소로 대체되어, '나는 원한다'가 '넌 해야 한다'로 지속적으로 파묻힌 탓입니다.

최근 들어 강박증과 관련한 연구는 활발하게 진행되고 있습니다. 특정한 사고나 행위가 계속 나타나 정상적인 사회생활을 방해하고 본인이 이러한 행위나 사고를 고통스럽게 느낀다면 강박증이라고 할 수 있습니다. 한 예는 '점검 강박'입니다. 어떤 사람은 현관문을 나섰다가도 커피머신을 정말 껐는지 점검하기 위해 몇 번이고 집으로 되돌아갑니다. 정도에 따라 그런 강박은 정상적인 사회생활을 힘들게 하거나 아예 불가능하게 만들기도 합니다.

외적인 강박은 그들이 자신의 진정한 욕구를 등한시하게 합니다. 그것은 좌절을 초래하고 불행하고 불안하게 만듭니다. 그 결과 강박증에 빠진 사람은 버팀목과 방향 감각을 찾으려 하고, 더욱 심하게 외적 규칙에 따라 방향을 설정합니다. 그로 인해 그들은 자기 자신으로부터 더욱더 소외되어, 그들 자신의 욕구를 더욱 인식하지 못하게 됩니다. 그들은 결단력이 더욱 약해지고, 더욱 불안해집니다. 더욱 심하게 외적인 규칙에 의지해 버팀목을 찾습니다. 그리고 그런 악순환이 다시 처음부터 시작됩니다.

강박이 우리 삶을 더 많이 규정할수록 우리는 자기효과 경험을 더적게 하고, 그런 만큼 더욱 불행해지며, 더욱 심하게 움츠러들게 됩니다. 그러다가 다시 외적인 강박에서 버팀목과 방향 감각을 찾게 됩니다. 이때 우리가 불행해지는 이유는 '자신에게서 소외되기' 때문입니다. 그러므로 강박증을 지닌 대다수 사람들이 우울증에 시달리는 것입니다.

더욱이 오늘날 우리 사회 전체가 정도의 차이만 있을 뿐 일련의 강박증에 시달리고 있다 해도 과언이 아닙니다. 우리 사회의 강박증은 우리의 개인적 생활양식을 침해합니다. 하지만 그런 사실은 눈에 잘 띄지 않습니다. 강박증을 진단하는 중요한 기준이 겉으로는 잘 드러나지 않는 개인적인 생활영역에 속해 있기 때문입니다. 5분에 한 번씩 자기 집의 커피머신을 점검하는 사람은 사실 사회적 규범에서 상당히 벗어나 있습니다. 하지만 이제 현대의 사회적 강박은 일종의 스테레오 타입으로 자리 잡았습니다. 이 때문에 강박은 잘 은폐됩니다. 이러한 은폐가 어떻게, 왜 그토록 잘 이루어지는지는 차차 살펴보겠습니다.

이 책은 앞으로 네 가지 문제를 짚어가며 해결의 방향을 잡아가려 합니다. 여러분도 다람쥐 쳇바퀴 돌듯 반복해온 문제로부터 벗어날 수 있기를 바랍니다.

첫째, 사회가 씌운 강박을 우리의 삶에서 직업적으로나 사적으로 내면화하고 있는지 확인합니다. 강박에서 자유라는 가면을 벗겨버리고, 오늘날 너무나 자유로운 삶이 얼마나 타율적으로 규정되어 있는지 함께 인식하고자 합니다.

둘째, 삶을 규정하는 강박의 정체를 확인하고자 합니다. 모순되게도 삶을 통제하려고 하면 할수록 더 강박에 취약해진다는 사실도 기억해야 합니다.

셋째, 오늘날 결여된 것, 즉 우리의 내면, 욕구와의 소통을 회복하고자 합니다. 다시 내 마음이 원하는 것을 느끼는 법을 배웁니다. 그리고 '내가 무엇을 원하느냐' 하는 것이 삶의 모든 것을 결정하는 중요한 문제임을 다시 배웁니다.

넷째, 새로 발견되는 자신의 욕구와 소망을 토대로 자신만의 삶을 직접 설계하려고 합니다. 우리는 욕구마다 그것을 충족하는 아주 다양한 방법이 있음을 알게 될 것입니다. 어릴 적 비가 오는 날이면 밖에서 세발자전거를 탈 수 없어서 우리는 자신이 무엇을 원하는지 알면서도 좌절할 수밖에 없었습니다. 어른이 된 우리는 스스로 이러한 바람 뒤에 숨은 욕구를 규명하고 다양한 방법으로 충족을 추구할 수 있습니다.

나의 삶을 조종하는 것들을 돌아보라
—

강제는 직접 강제와 간접 강제, 두 가지가 있습니다. 신체에 직접 영향을 주는 강제를 직접 강제라고 합니다. 이것은 내가 어떤 일을 하거나 하지 않도록 영향을 미칩니다. 이를테면 방에 감금된다거나 수면제를 탄 칵테일을 마시게 하는 일, 타인의 협박에 못 이겨 유언장의 내용을 고친다거나 억지로 누군가의 손에 끌려 요가 강좌에 가는 일 따위입니다.

이런 종류의 강제를 우리는 '절대적 폭력'이라고 부를 수 있습니다. 그것은 의지를 바꾸게 하지 않습니다. 갇힌 자는 계속 그 공간에서 벗어나려 할 것이고, 유언 작성자는 다른 상속인으로 바꾸려 할 것입니다. 내가 그러한 강제의 희생자라면 내 의지는 아무런 영향을 받지 않습니다. 다만 그 의지를 실현할 수가 없는 것입니다. 그러므로 직접 강제는 의지 실현에 대한 간섭입니다. 즉 나는 내 의지에 반反해 행동하게 됩니다.

직접 강제는 두 가지 행위로 완수됩니다.

강제 실행 = 신체적 영향

↓

강요된 행위

간접 강제는 이와 전혀 다르게 실행됩니다. 그것은 우회로로 갑니다. 그것은 의지에 영향을 줍니다. 간접 강제는 다음과 같이 실행됩니다. 내가 특정한 방식으로 행동하거나 행동하지 않으면 불이익을 당할 것이라고 위협합니다. 예를 들면 이렇습니다. 친구들과 만나려고 할 때 남자친구가 자신을 혼자 두고 가면 다신 보지 않겠다고 합니다. 혹은 조카가 자신을 주 상속자로 정하지 않으면 내가 늙거나 병들었을 때 돌봐주지 않겠다고 합니다.

이 모든 경우에 나는 본래 의지를 원칙적으로 실현할 수 있습니다. 누군가가 나에게 요구하는 것과 달리 결단을 내릴 수도 있습니다. 그럴 경우 안 좋은 일이 생기는 것을 감수해야 합니다. 내가 나중에 돌아오면 남자친구가 토라져 있을까봐 고민할지도 모르고, 유언장에 조카의 이름을 넣지 않으면 늙어서 다른 요양시설을 알아봐야 할지도 모릅니다.

간접 강제를 당하면 나는 내 의지에 반해 행동하지 않고 항시 내 의지대로 행동합니다. 위협받은 일이 나쁘면 나쁠수록 어떤 자유로운 의지를 갖거나 그것을 고수하는 데 더욱 제한을 받게 됩니다. 변화된 의지는 강제를 받지 않았을 때의 원래 의지와 더 이상 부합되지 않습니다. 그러므로 간접 강제는 의지 형성에 대한 간섭입니다. 그것은 의지를 변화시킵니다.

간접 강제는 세 가지 행위로 완수됩니다.

강제 실행 = 불이익을 주겠다는 위협

↓

의지에 영향을 끼침

↓

불이익을 피하겠다는 의식적인 결단

↓

강요된 행위

직접 강제는 의지를 꺾어버리고, 간접 강제는 의지를 휘게 합니다. 우리는 이 책이 당신을 강박으로부터 해방시켜줄 것이라고 약속했습니다. 그럼 당신이 성공적으로 강박에서 벗어났다는 것을 대체 무엇으로 알 수 있을까요? 앞에서 그린 두 가지 표에서 각기 마지막 단계인 강요된 행위를 피할 수 있으면, 원래 의지를 그대로 유지하거나, 자신의 의지대로 실행한다면 강박에서 벗어났다고 할 수 있습니다. 두 가지 단계 중 하나에서 강제의 경로를 돌파함으로써 거기에 도달할 수 있습니다.

신체적 강제를 당하게 되면 이 책으로 직접 도와주기는 어려울 것입니다. 그러나 우리는 직접 강제보다 간접 강제에 훨씬 더 빈번히 노출됩니다. 많은 이들이 매일 이러한 간접 강제 상황에 시달리고 있다고 투덜대는 소리를 합니다. 간접 강제의 경우 강제적인 일을 타개하는 두 가지 출발점이 있음을 앞의 표를 통해 알 수 있습니다.

우리는 두번째 단계를 시도해볼 수 있습니다. 간접 강제의 경우 불이익을 피하기 위해 우리는 의식적으로 의지를 변화시킵니다. 하지만 본래 의지를 고수할 수도 있습니다. 당신은 마음속으로 저울질하면서 결단을 내릴 것입니다. 불이익이 닥치는 것을 감내하는 것과 강요된 행위를 수행하는 것 중에 어느 것이 더 나쁠까요? 하고 싶은 생각이 없는데도 저녁에 나를 요가로 괴롭히는 것과 봉지에 든 과자를 먹으면서 저녁시간을 보내다가 다음 날 동료의 동정어린 눈초리를 견디는 것 중에 어느 것이 더 나쁠까요?

철학자 라인하르트 슈프렝거Reinhard Sprenger는 『내 인생 나를 위해서만 Die Entscheidung liegt bei dir』에서 '대가 비교'라는 말로 다음 사실을 지적합니다. 우리는 끊임없이 여러 가지 대안 중에서 대가를 비교해 선택합니다. 매일 사사건건 화를 돋우는 사장한테 사표를 던진다면 그 대가는 무엇일까요? 오랫동안 꿈꾸던 뉴질랜드로 드디어 이민을 갈 것인가? 그렇지 않고 지금처럼 직장에 계속 다닌다면 그 대가는 무엇인가? 모든 결정은 냉정한 대가 비교로 수렴됩니다. 우리가 하나의 대안을 선택하기로 결정할 때 당연히 나머지는 포기해야 합니다. 자녀를 책임지는 문제를 놓고 부모 된 입장의 스트레스를 하소연하는 사람에게 슈프렝거는 "책임은 선택 가능하므로 원하지 않는 책임은 이행하지 않아도 된다"고 잘라 말합니다.

다시 처음으로 돌아가 강제의 근원에 대해 생각해봅시다. 만약 누군가가 내게 특정한 방식으로 행동하지 않을 경우 불이익을 주겠다고 위협을 가한다면 누구나 두려워할 것입니다. 간접 강제가 형성되는 것이지요. 그렇다면 여기에서 벗어나기 위해서는 어떻게 해야 할까요?

그 불이익이 결코 일어나지 않을 환영幻影임을 인식한다면 여기서 벗어나는 일은 식은 죽 먹기일 것입니다. 예컨대 요가 강좌에 가는 것을 단호히 거절해도 큰일이 나지 않는다는 것을, 홀로 보낸 저녁시간에 대해 동료는 그다지 관심이 없다는 것을 확신한다면, 그래서 내가 원하는 대로 한다면 이러한 '강제 상황'은 바로 신기루처럼 사라질 것입니다. 그러면 더 이상 대가를 비교할 필요가 없습니다.

우선 도처에 잠복해 있는 이러한 간접 강제 상황에 눈을 떠야 합니다. 앞에서 말한 것처럼 현대의 많은 강제가 자유라는 겉옷을 입고 있기 때문에 우리는 이것을 제대로 지각하지 못하고 있습니다. 우리가 어떤 행동을 하는 것은 그것이 사회 규범에 맞다고 생각하기 때문입니다. 그리고 그 규범에서 벗어나는 행동을 할 경우 사회로부터 벌을 받는다는 것이 상식입니다. 우리는 이러한 규범하에 반사적으로 살아가는 탓에 삶이 얼마나 타율적으로 조종되는지 전혀 깨닫지 못하고 있습니다.

이어지는 장에서 우리는 현대사회의 다양한 강박과 강제 스트레스에 대해 살펴보고자 합니다. 그것에 지배받는 삶이 얼마나 어리석은지, 그러한 강박은 어떻게 생겨났는지, 어떤 결과를 초래하는지, 어떤 일이 발생할지에 대해서 말입니다. 또 하나 간과해서는 안 될 것은 많은 강제와 제한이 직장생활에서 시작됐고, 거기서 그것이 장려되고 키워지고 보호받다가 결국 개인생활에까지 넘쳐흐르게 되었다는 사실입니다. 다음 장에서는 쳇바퀴를 돌리는 다람쥐 같은 우리의 삶을 한 발짝 떨어져서 보게 될 것입니다. 어쩌면 당신은 실소를 금치 못할 겁니다. 마치 자신이 한 편의 서커스 공연을 하는 주인공 같은 생각도

들 테니까요.

하지만 너무 낙담할 필요는 없습니다. 자신이 얼마나 타인의 규범에 지배되고 있는지, 그런데 그 규범이 얼마나 불합리하고 부당한지 잘 인식할수록 그만큼 앞으로 좋아질 가능성은 높습니다.

가령 당신이 238시간의 초과근무를 미루지 않아도
당신이 진홍색의 최신 립스틱을 갖고 있지 않아도
당신의 자녀가 배 속에서 벌써 중국어를 배우지 않아도
당신에게 아무런 불이익도 닥치지 않는다는 것을 문득 깨닫게 될 것입니다.

자, 이제부터는 어딘가 익숙하고, 만난 적 있는 사람들이 나오는 서커스 공연을 한 편 보려고 합니다. 불이 꺼집니다. 커튼을 걷으세요!

2장

일할 권리가 행복할 권리로 둔갑한 까닭

몇백만 년 전으로 시간 여행을 떠나봅시다.

지구가 막 만들어졌습니다. 자신이 최초의 인간 중 하나인 이브라고 생각해봅시다.

이브는 에덴동산에서 삽니다.

검푸른 강, 번쩍이는 보석, 열매가 주렁주렁 열린 과수원이 있습니다.

아무것도 걱정할 게 없습니다.

지천에 먹을 것이 널려 있으니 그냥 먹기만 하면 됩니다.

안타깝게도 이브에게 곤란한 일이 일어났습니다.

이브와 유일한 동시대인인 아담이 금지된 나무에 달린 과일 하나를 따먹은 것입니다.

그러자 신이 나타나 이들을 꾸짖었고 가장 고약한 벌을 내렸습니다.

이 둘은 이제 에덴동산을 떠나 평생 일하며 살아야 합니다. "앞으로는 평생 힘겹게 네 손으로
일해 먹고살아야 한다"고 신이 아담에게 호통을 쳤습니다.

나중에 성서는 이 두 사람이 '땅을 경작하기 위해'

에덴동산에서 추방되었다고 기록할 것입니다. 갑자기 일을 해야 하다니!

이 얼마나 비극적인 처벌인가요.

현재로 돌아와보겠습니다. 어쩌면 당신도 이브라고 불릴지 모릅니다.

국가기관이나 단체의 인터넷 사이트에서 이런 글귀를 읽어본 적이 없나요?

'여성도 사회적으로 활동하며 능력을 발휘할 수 있도록 최대한 지원하겠습니다.'

'나이, 학력 등 취업 제한을 철폐하고 누구나 일할 수 있도록 지원을 늘려가겠습니다.'

특히 여성들은 일할 권리를 얻기 위해 지난 수십 년간 끈질기게 싸워왔습니다.

역사의 오랜 시간 남자들만 아침에 집을 나가서 돈을 벌어왔으니까요.

나중에 정치가들은 법 조항에 이런 문장을 추가했습니다.

'부부 양쪽 모두 생업에 종사할 권리가 있다.'

갑자기 일을 해도 된다니! 이 얼마나 커다란 행복인가요.

도대체 이 수백 년 동안 무슨 일이 일어난 걸까요?

천국 같은 땅에서 추방된 인류에게 처벌로 내려졌던 일이,

열심히 싸워 얻어낸 행복의 권리로 어떻게 변신한 걸까요?

어떻게 그토록 혐오스러운 것에서 열망해 마지않는 것으로 변할 수 있었을까요?

일할 권리가
행복할 권리로 둔갑한 까닭

일하지 않는 삶은 무의미할까

—

앞에서 이야기한 내용이 여성의 일할 권리를 박탈하려는 의도가 아님을 미리 밝힙니다. 여기서는 일 자체의 의미, 이미지에 대해서만 이야기하려 합니다. 일이 지구가 만들어지던 첫날에만—그리고 성서에서만—벌로 여겨졌던 것은 아닙니다. 자진해서 벌을 받으려는 사람은 아무도 없겠지요? 일이란 그 후에도 아주 오랜 세월 동안 힘든 것으로, 처벌로 인식되었습니다. 우리가 일이 축복을 가져다주는 것이라고 찬미하기 시작한 것은 사실 수십 년이 채 되지 않았습니다.

수렵채집 생활을 할 때 인간은 일주일에 몇 시간만, 먹고사는 데 필요한 만큼만 일했습니다. 사회학자 마셜 살린스Mashall Sahlins는 「석기시대 경제학」이란 연구 논문에서, 당시에 일이란 기껏해야 파트타

임 잡이었다고 밝혔습니다. 아무도 일 그 자체를 위해 일하지 않았습니다. 아무도 일이 행복, 자기실현이나 삶의 의미를 가져다줄 거라고 기대하지 않았습니다.

고대에 일이란 지저분하고 명예를 훼손하는 것이었습니다. 노예와 농노는 일을 해야 했고 돈이 있는 자, 사회의 엘리트 계층에 속한 자가 일할 권리를 위해 투쟁한다는 것은 꿈에도 생각지 못했습니다. 자신이 대단하다고 생각하는 사람은 일하지 않는 것으로 자신의 지위를 증명했습니다. 사람들은 일을 나쁜 것으로 보았습니다.

일이 사람을 무디게 하고 타락시킨다고 단정짓던 시기도 있었습니다. 곰곰이 사색하며 토론할 시간이 있는 한가로운 삶을 누구나 추구했습니다. 그리스의 철학자 디오게네스가 이러한 삶의 본보기를 완벽하게 구현했습니다. 육체노동으로 자신을 혹사하는 대신 물질적 요구 수준을 낮추고 통 속에서 살았습니다. 그는 어떤 아이가 맨손으로 물을 받아 마시는 것을 보고 자신의 물컵을 내던져버리기도 했습니다.

중세에도 일은 여전히 인간에게 부담스러운 짐이었습니다. 무엇보다도 수도사들은 일을 속죄 행위로 간주했으므로, 여전히 일은 추구할 만한 대상이 아니었습니다. 16세기에 들어서자 드디어 일에 대한 생각이 변했습니다. 일의 전체 역사를 살펴본다면 좀 늦은 감이 있습니다.

마르틴 루터Martin Luther는 갑자기 일에 대해 '직업'이란 단어를 사용했습니다. 그는 '직업'이란 표현을 통해 일은 신이 우리에게 내린 의무의 수행, 소명이라는 고상한 의미를 부여했습니다. 갑자기 모든 것이 뒤집어졌습니다. 아담과 이브에게는, 그리고 그 후로도 계속 신이 내린 형벌이었던 일이 이제는 하지 않으면 괴로운 것이 되었습니다. 지금까지 늘 짐과 의무로 여겨졌던 일이 갑자기 특별한 아우라를 얻게 되었습니다. 산업화는 인간을 시계에 맞춰 움직이게 만들었고, 매일매일 더 효율적으로 일하게 했습니다. 쉬지 않고 일하는 것이 특별한 효력을 발휘하게 되었습니다.

오늘날에는 일하지 않는 자, 일에 삶의 의미를 두지 않는 자, 일이 삶을 충만하게 해주는 핵심이라고 생각하지 않는 자는 가치 있는 인간이 아닙니다. 전에는 실업失業이 유일하게 사회적으로 허용 가능한 삶의 방식이었다면, 오늘날은 이로 인해 사회의 여타 구성원들에게 낙인이 찍힙니다. 다음 이야기가 그런 사실을 알려줍니다.

일자리 창출하기, 실업자 줄이기, 은퇴 연령 늦추기 등 사람들을 '일하게 만드는 것'은 수십 년 동안 모든 정부기관의 목표입니다. 선거 때마다 온갖 정당이 공약으로 내세우는 단골메뉴이기도 합니다. '일자리를 만드는 것'은 많은 정치적 결단에 영향력을 미치는 사회적 이슈입니다. 모든 사람에게 일할 수 있는 기회를 부여하는 것은 말할 것도 없이 중요한 관심사입니다. 하지만 우리가 실업자를 언제 어디서나 해결해야 하는 '문젯거리'로 명백하게 규정할수록 '일자리가 없는 자는 인간이 아니다', 곧 일하지 않는 자는 사람답지 못하다라는 인식이 사회 전반적으로 굳어집니다.

독특하게도 우리는 실업자를 일자리를 찾는 자, 정확히 '구직자'라고 부릅니다. 왜냐하면 일자리가 없는 자는 반드시 일을 해야 하고, 일자리를 찾는 일만 할 수 있기 때문입니다. 반면에 일자리가 있는 자는 직위를 갖고 품위 있게 살아갑니다. 직위와 품위는 동전의 양면입

니네 아빠, 정말 집에서 노시니?

나는 드디어 그간 미뤄두었던 휴가를 받아서 쉴 수 있게 되었다. 여행을 떠나지 않고 오전 11시에 다섯 살 난 아들과 함께 놀이터에 갔다. 이웃집 여자가 어린 딸과 함께 거기 벤치에 앉아 있었다. 나는 약간 떨어진 거리에서 갑자기 이웃집 여자가 우리 아들에게 말하는 소리를 들었다. "너희 아빠 직장 안 나가시니? 곧 취업하시겠지? 그냥 이렇게 살 수는 없을 테니까."

_ 토비아스(38세, 회사원)

니다.

직위를 갖지 못한 사람들에게는 품위도 없으므로 사회적으로 이들은 대접받지 못하고 무시당합니다. 실업자들을 조사한 바에 따르면 대부분 실업 상태에 있는 동안 친구들은 연락을 끊고, 아이들은 학교에서 놀림을 당하며, 일부 의사들은 치료를 거부했다고 합니다. 애인도 배우자도 일자리가 있는 사람을 찾아 떠나갑니다.

고대에 우리는 우리가 일을 하며 시간을 보낸다는 것을 숨겨야 했을지도 모릅니다. 오늘날엔 누군가를 알게 되면 대뜸 이런 질문부터 합니다.

"직업이 뭐예요?"

결혼정보회사는 '엘리트'를 소개해준다고 광고합니다. 그리고 '엘리트'는 두말할 것 없이 직업에 따라 정해집니다. 의사, 변호사, 언론인, 검사…… 무슨 일을 하는지 상상할 수 있는 직업입니다. 'OO매니저' 이렇게 표현하는 직업보다는 훨씬 판단하기에 명쾌하지요. 직업에 따라 삶의 의미와 가치가 달라진다고 믿는 사이 우리는 더없이 어리석은 타이틀에 집착하기 시작했습니다. 전에는 명함이란 것을 갖지 않았을 사람도 오늘날에는 '개발협력 디렉터' '전략수립 실행 매니저'로 활동합니다. 또한 적어도 '유럽, 중동 및 아시아 지역 펀드 관리자'이거나 '전략변화와 제휴 관련 프로젝트 매니저'이거나 그 밖에 무언가의 '팀장'입니다. 실제로는 있지도 않은 직위를 명함에 박아 대외용으로 가지고 다니기도 합니다.

경영진의 수석비서로 오래 일했던 카타리나 뮌크(물론 가명입니다)는 『그리고 내일은 그를 죽여버릴 거야 Und morgen bringe ich ihn um』라는 책에서 톱 매니저들조차 가로 9센티미터, 세로 5.5센티미터짜리 지위인 명함을 얼마나 애지중지하는지 모른다고 폭로합니다. 모든 사장은 명함의 교정쇄를 대단히 꼼꼼히 그것도 직접(!) 검토합니다. 그녀는 모든 분야의 직장인들이 얼마나 이 명함 위의 지위를 위해 분투하는지, 명함을 다루는 순간을 이렇게 묘사합니다.

"그 순간만은 모든 세상사를 잊고 종이의 결을 쓰다듬거나 올록볼록하게 솟거나 음각 처리된 글씨의 감촉을 느끼는 데 몰입합니다. 간혹 그 기분에 빠져 회의가 중단되기도 합니다. 이들은 감격한 나머지 가슴 가득히 뿌듯해하고, 얼굴엔 행복이 가득합니다."

우리는 명함을 심지어 무덤 속까지, 더 정확히 말하자면 무덤 위까지 가지고 갑니다. 그리고 부고訃告에까지. 비석과 부고에는 고인의 이름, 생년월일, 사망일, 연령 같은 얼마 안 되는 정보도 기재할 공간이 없습니다. 그러므로 그다음에 "갈색 눈인가?" "좋은 가문 출신인가?" "소설을 탐독했는가?" 같은 사항은 넣지 않습니다. 대신 많은 비석과 거의 모든 부고에 '전문 엔지니어' '평생 교사' 'ㅇㅇ분야 권위자'와 같은 사회적 타이틀이 적혀 있습니다. 제대로 된 직업명을 통해 자신의 삶에 의미와 내실을 부여하지 못한 자는 무덤 위에서 더 초라해 보입니다.

연구 결과에 따르면 실직이 배우자의 사망과 유사한 위기감을 준다고 합니다. 여러분도 동창 모임에 나가본 적이 있다면 전직 비서 출신 작가가 말한 이 허영뿐인 '명함놀이'를 이미 경험으로 알고 있을 겁니다.

점점 많은 사람이 사적으로 아는 사람들에게도 회사 이메일로 연락하라고 말합니다. 언제든지 확인할 수 있다는 이유에서 말이지요. 하지만 분명한 것은 이러한 상황으로 인해 타인을 더욱 의식하게 된다는 겁니다.

네 명 중 한 명은 매일 마음속으로 사표를 낸다

—

일이 삶에 의미와 즐거움을 주고, 우리 삶에 완벽한 가치를 부여하므로, 우리가 이런 압박에서 벗어나기란 거의 불가능합니다. 오늘날 사회는 우리가 무조건 많이 일하고, 열심히 일하는 것만으로는 만족하지 않습니다. 마냥 지쳐 있거나 무기력해 보인다면 곤란합니다. 일이 정말 즐거워 거의 미칠 지경임을 보여줘야 합니다. 그것을 설득력 있게 보여주지 못하는 자는 수상쩍게 여겨집니다.

들으면 누구나 알 만한 대기업은—농담이 아닙니다—일에 재미를 느낄 의무를 이미 근무계약서에 명시해놓고 있습니다. 활기차게 생활할 것, 우울하거나 조금이라도 처져 있는 모습을 보인다면 인사고과에서 좋은 점수를 받을 수 없으며 투덜대는 자는 경고를 받기도 합니다.

우리 사회는 일에 확고한 의미를 부여합니다. 일의 가치와 의의, 무한한 재미까지! 오늘날 어떤 기업도 단순히 아무렇게나 일을 시키지는 않습니다. 회사는 비싼 돈을 들여 세미나를 하고 직원들이 일을 통해 삶의 의미를 깨닫도록 교육합니다.

수백만의 사람들, 즉 단순히 생계비를 벌기 위해서만 일하는 모든 사람들은 매일 이러한 현실과 자신 사이에서 회의하고 갈등합니다. 일하면서 즐거워하는 모습을 보인다는 게 쉬운 일인가요? 일이 그토록 재미있습니까? 일을 통해 자아실현을 한다고 해서 계속 기쁨에 넘치지는 않습니다. 그들은 스스로에게 묻습니다. 사람들이 이러한 직업을 가진 내게 기대하는 이 모든 열정을 나는 어디서 얻는단 말인가요?

이는 요구와 현실이 너무 다르기 때문에 일어나는 일입니다. 갤럽 연구소는 매년 근로자가 정서적으로 직장에 얼마나 강한 연대감을 느끼는지 책임감 지수를 측정합니다. 연구 결과를 보면 정말 정신이 번쩍 들 정도입니다. 독일 근로자의 거의 90퍼센트는 직장에 아무런 유대감을 느끼지 못하거나, 아주 미미하게 느낄 뿐입니다. 이 통계대로라면 매일 직장에서 좌절을 겪는 사람이 독일에서만도 거의 3500만 명이나 되는 셈입니다.

갤럽 조사에서 거의 4분의 1은 직장에서 '적극적인 책임감을 못 느낀다'고 답했는데, 처음에는 이 대답의 의미를 잘 알 수 없었습니다. 즉 4분의 1은 마음속으로 사표를 냈을 뿐만 아니라 회사의 이해관계에 반하여 일한다는 뜻입니다. 기업의 중요한 서류는 책임감 없는 이들의 부주의로, 집중력 부족으로 먼지 가득한 서가 뒤로 영원히 떨어져 있습니다. 일에 부담을 느끼는 것을 생각하면 전혀 놀랄 일도 아닙니다. 불만 가득한 직원들은 사장을 고발하는 신랄한 내용이 담긴 투서를 날리고, 퇴사한 회사의 비리나 정보를 기자들에게 넘기는 경우도 허다합니다. 관련 연구가들은 그사이에 널리 퍼진 이런 현상을 '내부 고발Whistle-blowing'이라 부릅니다.

많은 이들은 복사지 묶음이나 마침 자기 집에는 떨어진 커피믹스 봉지를 매일 챙기면서 아무렇지 않게 그들의 연봉을 인상합니다. 회사 비품을 사무실에서 빼내면서도 아무런 죄의식을 느끼지 않습니다. 회사를 위해 그토록 스트레스 받아가며 고생하니 이 정도는 아무것도 아니라고 생각하는 것입니다. 조사에 따르면 66퍼센트의 사람들은 적극적으로 태업하지는 않지만 규정에 따른 근무를 미루고, 그 밖에 퇴근 후의 맥주나 은퇴 후의 시가cigar를 기다립니다. 독일 근로자의 11퍼센트만 세번째 그룹에 속합니다. 그들은 고용주와 정서적 유대감이 높아 맡은 일과 자신을 동일시하며, 일에서 실제로 의미와 기쁨을 체험합니다.

필자는 그간 사람들이 일하면서 어떤 감정을 겪는지 연구해왔습니다. 코칭, 상담, 워크숍, 이메일 등으로 만난 많은 사람들을 통해 얻은 결론은 하나입니다. 우리가 일이라는 것을 직시할 필요가 있다는 것입니다. 일에서 의미, 재미를 느끼고 자아실현을 하는 사람은 별로 없습니다. 오히려 그 반대입니다. 이상론으로 직업을 선택하고, 실제로 무언가를 움직이려 하고, 직업생활에 높은 의미를 부여하는 사람들, 바로 이 사람들이 더 크게 일에 실망합니다.

일상적인 틀에 박힌 일, 행정 업무처럼 극히 진부한 일에서 이들이 의미와 재미를 얻기란 거의 불가능합니다. 그리고 이들은 무엇보다 인간이란 세상에서 언제나 작은, 아주 작은 바퀴 하나만을 겨우 돌릴 수 있을 뿐이란 사실을 인정하기 힘들어합니다.

살기 위해 일하는 것, 그냥 성실히 시간을 돈과 바꾸는 것, 이러한 입장이라면 어느 정도는 견뎌낼 수 있을지도 모릅니다. 하지만 일하면서 의미와 재미를 느끼고 그런 모습을 보여주어야 한다는 사회적인 압박이 본격적인 스트레스를 일으킵니다. 직업에서 열정을 보이지 않는 자는 동정만 받을 뿐입니다.

퇴근 후에도 자아실현은 계속된다

—

일을 통해 자신에게 자아실현과 보다 높은 의미를 부여하듯이 오래전부터 우리는 일이 끝난 후에도 의미를 부여하고 있습니다. 예전에는 그냥 가볍게 산책하던 시절이 있었습니다. 그러나 오늘날 사람들은 산책을 하면서 모두 무언가를 합니다. 자전거나 인라인스케이트를 타고, 덤벨을 들고 '파워워킹'을 합니다. 목적 없는 산책은 없습니다. 건강을 위해서든 다이어트를 위해서든 저마다 야무진 목표가 있습니다. 아무 생각 없이 산책하는 사람은 자신의 가치 있는 인생을 허비하는 셈입니다.

의자에 앉아 텔레비전을 보면서도 복부에 진동 벨트를 꽉 졸라맵니다. 그러면 '텔레비전을 보는 중에' 운동이 됩니다. 또 책상 서랍에서 색색의 조그만 플라스틱 공을 모아 틈틈이 힘껏 주무릅니다. 그러면 '쉬는 중'에도 에너지가 충전됩니다.

사람들은 식사라는 말에 이미 그 자체로 꽤 괜찮은 의미가 담겨 있다고 생각할 겁니다. 식사는 생명을 유지시켜주고, 우리가 할 수 있는 가장 뜻깊은 활동 중 하나입니다. 하지만 오늘날 그것으로는 충분하지 않습니다.

우리가 고기를 먹지 않으면 그것은 동물과 기후를 보호하는 셈이 됩니다. 다시 말해 소의 되새김질은 메탄가스를 방출하여 지구 온난화를 가속화합니다. 슬로푸드와 패스트푸드 사이에서, 산지 직송 브로콜리와 냉동 브로콜리 사이에서 우리는 매일매일 갈등하며 결정을 내립니다. 이 모든 행동은 실질적인 이익보다 마음의 짐을 내려놓기 위한 것일 때가 많습니다. 사회적으로 옳은 행위, 지구의 미래에 도움이 되는 행위를 하고 있다는 자위일 수도 있습니다. '종이를 버리거나 녹차 한 잔을 마시는' 것과 같은 단순한 일상적인 행위에 착안해서 '단순화하기SIMPLIFY'라는 이름의 캠페인이 생기리라고 누가 언제 생각이라도 했겠습니까?

3장

달리는 차에 다섯 번째 바퀴를 달려는 사람들

이것은 하루를 점점 짧아지게 합니다.

이것은 기술이 발전한 현대사회에서 환영받고 있습니다.

이것은 내가 가진 시간에 마력을 발휘합니다.

이것은 어디서나―우리의 거실, 부엌, 침실, 심지어 화장실

그리고 무엇보다도 사무실에서 효력이 있습니다.

이것은 누군가가 우리의 바지 주머니에 찔러 넣어주었습니다.

우리 자신은 전혀 눈치채지도 못하는 사이에 말이죠.

하지만 잠시도 빼놓지 않고 지니고 다닙니다.

과연 이것은 무엇일까요?

여러분은 혹시 짐작하셨나요?

이것 때문에 하루의 길이는 그대로지만,

우리가 같은 시간에 해야 하는 일의 양은 점점 늘어납니다.

하루 일과, 즉 일어나고, 아이들이 등교하고, 일하고 먹고, 친구를 만나고, 집안일을 하고,

텔레비전을 보고, 잠자는 일과는 그대로 유지됩니다.

그러므로 우리는 하루를 사는 동안 성과를 계속 높이는 수밖에 없습니다.

12년 후에는 우리가 오늘날 하루에 처리하는 모든 일을 문자 그대로

'순식간에' 해치워야 할지도 모릅니다.

말이 안 된다고 생각하나요?

실현 불가능할 것 같은가요?

다음 글을 보면서 우리 주머니 속에 든 이것의 정체를

곰곰이 생각해보기 바랍니다.

달리는 차에 다섯번째 바퀴를
달려는 사람들

쓸모 있는 사람이라고 평가받고 싶다

—

오랫동안 회사와 직원들 사이에는 암묵적인 합의가 있었습니다. 자신의 업무를 정상적인 범위 안에서 능숙하게 처리하는—즉 시간을 엄수하고 일정 수준의 성과를 가져오는—사람이 쓸모 있는 직원이라는 합의 말입니다. 그런 이들은 회사로부터 좋은 평가를 받고 존중받습니다. 자기 일을 믿음직하게 해치우는 사람은 직장에서 앞으로도 자기 자리를 유지할 수 있을 뿐만 아니라 '승진'이라는 보상을 받기도 합니다.

그런데 오늘날에는 뭔가가 조금 달라진 듯합니다. 어디서나 쉽게 볼 수 있는 몇몇 구인 광고의 전형적인 표현을 살펴봅시다. 요즘은 원칙적으로 사람을, 지원자나 직원을 찾는 것이 아니라 오로지 '개성'이라 부르고 '능력'이라고 읽는 항목만을 찾을 뿐입니다. 이러한 '개성'의 프로필은 적어도 다음과 사실을 나타내야 합니다.

☐ 특정 분야에 대한 전문 지식
☐ 일반적 수준의 업적을 훨씬 넘어설 수 있는 역량
☐ 해외 출장, 주말 출장에 결격사유가 없는 자
☐ 상당 수준의 커뮤니케이션 능력
☐ 비교 가능한 지위에서 적어도 3년간의 경력이 있고 평균 이상의 성과를 거둔 자

이 내용은 어느 신문의 토요일판 구인 광고에 실린 표현을 그대로 옮긴 것입니다. 경력사원을 뽑는 구인 광고의 채용 조건이 대체로 이런 식인데, 이를 충족하기 위해서는 정말 특별한 자질이 필요합니다. 오늘날 취업을 하기 위해서는 어떤 조건이 요구되는지 살펴봅시다.

☐ 평균 이상의 학점
☐ 현장 경험을 포함한 인턴십 경력과 그 평가서
☐ 협상이 가능할 정도의 영어 실력
☐ 리더십을 증명할 수 있는 기타 활동
☐ 야근과 주말근무도 불사하는 열정

이제 무슨 이야기인지 감이 옵니까? 오늘날 어떤 회사도 '정상적으로' 일을 처리하는 '정상적인 사원'을 원하지 않습니다. 만약 당신

의 근무평가서에 '언제나 꼼꼼하고 믿음직하게' 일을 처리한다고 쓰여 있다면 그것은 당신의 업무 수행에 대한 모욕적 평가라고 생각해도 좋습니다. 결국 그것 때문에 당신은 새 직장을 얻기 힘들지도 모르니까요.

이제 다른 고용주의 관심을 끌려면 당신이 우수한 인재임을 입증해야만 합니다. 이제 '무난한 일처리'라는 말은 명예롭다고 할 수 없습니다. 이제는 누구도 그 표현에 높은 점수를 주지 않으니까요. 이런 사람은 내부적으로 'B급 플레이어'라고 불립니다. '높은 잠재력을 지닌 사람', 즉 계속 성장해가고, 쉬지 않고 업무를 추가하는 트랜스포머 같은 사람만이 실제로 기회를 얻을 수 있습니다.

경제학 교수인 로버트 프랭크Robert Frank와 필립 쿡Philip Cook은 얼마 전에 '승자독식사회'라는 개념을 만들었습니다. 전에는 스포츠 분야나 쇼 비즈니스에만 적용되었던 것이 오늘날에는 사무실에 있는 일반 직원에게까지 확산되었습니다. 이들은 1등만이 돈, 명예, 관심, 성공, 승진 등 모든 것을 독식한다고 봅니다. 나머지 사람들은 아무것도 얻지 못합니다. 기업에서 '이달의 직원'이나 '올해의 직원'을 뽑는다면 그것은 직원들의 업무 활동에 큰 자극이 됩니다. 하지만 그런 행위는 뽑히지 못한 다른 이들의 일을 무가치하게 만들기도 합니다. 그런 사람들 없이는 기업이 존속할 수 없을 테고, 따라서 최고의 실적을 낸 직원도 명예를 얻을 수 없을 텐데도 말입니다.

어떤 기업은 직원이 최고의 성과를 내지 못하면 마음가짐을 단단히 하도록 다그칩니다. 안정된 직장, 평생직장 같은 것은 존재하지 않으니 알아서 하라는 식으로 말이지요. 출근시간 전에 자리에 앉아 있지 않은 직원, 할당량을 초과 달성하지 못한 직원은 앞으로 자신의 책상이 보전되리라고 보장할 수 없습니다. 이것은 우스꽝스럽게도 일의 세계를 전도시킵니다. 직원이 회사에 노동력을 제공하는 것이 아니라 기업이 관대하게도 어떤 일자리를 그에게 맡기는 셈이 됩니다.

오늘날 회사는 지극히 평범한 직원에게서도 바로 그런 것을 기대합니다. 우리가 새로운 아이디어와 프로젝트를 통해 더 나은 성과를 내고 더 오랜 시간 근무하면서 자신을 계속 뛰어넘기를 촉구합니다. 그것은 중요한 일이든 아니든 매사에 적용됩니다. 즉 정상적인 판매고로는 더 이상 충분하지 않습니다.

목표에 대해 이야기할 때 이런 사실을 아주 노골적으로 확인할 수 있습니다. 왼쪽 칸에는 목표를 적고, 오른쪽 칸에는 '전년도 대비 5퍼센트 초과달성'이라고 적습니다. 요즘 회사는 당연하다는 듯이, 의심의 여지도 없다는 듯이 직원에게 명시적으로 그리고 지속적으로 100퍼센트가 넘는 성과 달성을 요구합니다. 그러나 한번 계산해볼까요? 현재의 성과를 1로 정하고 한번 105퍼센트씩 곱해보세요. 휴대용 계산기로 쉽게 계산할 수 있을 겁니다. 그렇게 전년도의 성과에 계속해서 1.05씩 곱하다가 숫자 2가 찍히는 시점이 바로 당신의 작업성과가 두 배가 되는 해입니다. 처음 1.05를 곱한 후 겨우 15번 만에 2가 됩니다. 이런 시스템에서 당신은 당신의 작업성과가,

15년 후에 두 배가 되고
23년 후에 세 배가 되고
29년 후에 네 배가 되고
35년 후, 일반적으로 직장생활을 그만두는 시점에는 다섯 배 이상이 된다는 사실을 알게 될 겁니다.

이를 비유적으로 표현하자면 이렇습니다. 처음 직장생활을 하는 사람의 책상에 처리해야 할 일이 매일 20센티미터 높이로 쌓인다면 그가 은퇴하기 직전에 일의 양은 다섯 배 이상 높아져, 1미터 이상 된다는 것입니다. 비용 면에서는 성과와 비슷하지만 꽤 다른 의미의 계산을 할 수 있습니다. 여기서는 통상적인 목표 합의가 반대로 진행됩니다. 각자 매년 일률적으로 5퍼센트씩 절감해야 합니다. 이러한 계산에 따르면 80년 후에는 당신이 일하는 기업의 사업비가 이론적으로 완전히 0이 됩니다. 이렇게 사업비는 줄어든 반면에 당신은 몇 년마다 두 배의 성과를 내야 합니다.

상황이 여간 난감해지는 게 아닙니다. 이러한 계산은 평범한 직장인을 기준으로 한 것입니다. 무리에서 두드러지려고 하는 자, 특별한 성과로 이목을 끌어 출세하려는 자는 매년 앞에서 말한 것보다 더 상

회하는 성과를 달성해야 합니다. 적어도 110퍼센트라고 가정할 때 출세하려는 자는,

> 8년 후에 두 배의 성과를 달성하고
> 13년 후에 세 배의 성과를 달성하고
> 16년 후에 네 배의 성과를 달성하고
> 18년 후에 다섯 배의 성과를 달성하고
> 20년 후에 여섯 배의 성과를 달성하고
> 35년 후에, 그러므로 평균적으로 직장생활을 마감하는 해가 되면 스물다섯 배의 성과를 달성해야 합니다.

같은 이치로 월급도 이와 같이 상승 곡선을 그리며 올라가서, 몇 년 만에 다섯 배가 되거나 심지어 스물다섯 배가 되는 계약 조건을 사장에게 제안할 수 있을까요? 만약 이렇게 제안한다면 사장은 당장 나가라고 소리 지르거나 당신이 미쳤다고 생각할 겁니다. 회사가 파산할 일을 사장은 허락하지 않을 테니 말입니다. 물론 그 반대는 정상이라는 겁니다.

오늘날 사람들은 계속 '새로운 목표를 돌파'하도록 요구받습니다. 멈추지 않고 새로운 목표를 세워서 더 많은 성과를 거두기를 말입니다. 양적 성과를 거두지 못하는 사람은 일을 제대로 처리하는 것으로 평가받지 못합니다. 이런 원칙에 따르면 지속적으로 100퍼센트의 성과만을 달성하는 사람은 업무수행평가에서 좋은 평가는커녕 도리어 낮은 평가를 받게 될 것입니다. 자신을 향상하고 성장해서, 자신의 잠

재력을 힘껏 발휘하는 것 자체는 나쁘지 않습니다. 오히려 정반대라 할 수 있습니다. 발전이란 훌륭한 것이고, 누구나 계속 발전해나가고 자기 수양을 할 수 있습니다. 누구나 특별한 성과로 자신을 돋보이게 하고 능력을 인정받을 수 있습니다. 하지만 그것만이라면 문제가 없었을 겁니다.

전에는 하나의 가능성에 불과했던 것이 오늘날에는 모든 사람들에게 적용되는 통상적 기준이 되었습니다. 그리고 그것은 사회적인 압박으로 작용합니다. 표준을 밑도는 사람들은 자신이 무가치하다고 느낄 수 있습니다. 이런 상황에선 바퀴가 네 개 달린 차가 잘 움직이고 심지어 최적의 상태로 작동된다 할지라도 모두가 계속 차에 다섯번째 바퀴를 달려고 할 것입니다. 그러지 않으면 남과 달라질 수 없고, 인정받기 어렵기 때문이지요.

이러한 부담 혹은 압박이 얼마나 지속적으로 우리 삶에 영향을 주는지 앞의 계산은 보여줍니다. 일반적인 사람이 직장생활을 하는 중에 지금보다 다섯 배 이상의 성과를 거둬야 한다면 하루 여덟 시간 근무 외에도 야근에 특근을 더해야 할지도 모릅니다. 그렇다면 특별한 성과를 거둬 부각되고 싶은, 즉 매년 110퍼센트의 성과를 내려는 사람, 직장생활을 하는 중에 스물다섯 배 이상의 성과를 거두려는 사람들은 과연 지금보다 얼마나 더 일을 해야 하는 것일까요?

성과를 계속 올려야 한다는 요구가 객관적인 근거가 없는, 사회적 산물임을 생각해봅시다. 모든 구성원이 105퍼센트, 110퍼센트의 성과만을 위해 자신의 일상적인 작업장을 벗어나 훌륭한 것처럼 들리는 프로젝트와 목표 돌파에만 신경을 쓴다면 회사는 어떻게 될까요?

구성원들은 회사에 노동력을 제공하기 위해서만 존재하는 것이 아닙니다. 삶의 한 공간으로 가치를 부여하고, 각자의 자리에서 회사가 문제없이 돌아가도록 숨결을 불어넣는 역할을 합니다. 모든 구성원이 추가적인 이 5퍼센트 일에만 신경 쓴다면 기업은 정상적으로 돌아갈 수 있을까요? 일반적이고 일상적인 일이 인정받지 못한다면, 즉 "당신이 올해 새롭거나 특별하거나 부가적인 일을 해냈는가?"라는 질문만 통용된다면 모든 기업은 몸에서 자신의 심장을 떼어내는 것과 같습니다.

우리의 주머니에 든 이 작고 검은 상자가 비극적인 결과를 낳습니다. 한시도 잊지 않고 가지고 다니는, 이것이 무엇인지 감이 오시나요? 바로 성과주의, 성과 스트레스입니다. 오늘날 정신질환에 걸리는 가장 빈번한 이유는 '생업' 때문입니다. 지난 수십 년간 정신질환에 걸리는 비율이 엄청나게 높아졌습니다. 2009년 독일에서 조사한 결과 일찍 연금생활에 들어간 사람들 중 정신질환자의 비율이 3분의 1을 훨씬 넘었습니다. 1993년에는 13퍼센트에 지나지 않았던 것이 크게 달라졌습니다.

산업재해 방지와 산업의료를 위한 독일연방기구에서는 매해 근로자의 안전과 건강 상태에 대해 정기적으로 조사 보고하고 있습니다. 2010년 보고서에는 근로자의 약 70퍼센트가 '능력의 한계 지점'에서 일하고 있다고 나옵니다.

오늘날 수백만에 가까운 사람들이 직장생활에서 더 많은 성과를 내기 위해 혹은 성과 스트레스를 이겨내기 위해 약을 먹고 있습니다.

이는 정상적인 정도를 넘어서는 일이고, 사실 인체의 한계를 넘어서는 일입니다. 독일에서 집중력 강화제인 리탈린의 소비가 1990년대 이래로 오십 배나 증가했습니다. 더 많은 성과를 내려고 약을 복용하면서까지 자신을 채찍질하는 사람들은 약효 탓에 자신의 한계를 잘못 파악합니다. 그리하여 적지 않은 사람들이 일을 하다가, 일 때문에 쓰러집니다. 그런 후 회복되지 못하고 자기 이름조차 못 쓰는 사람도 더러 있습니다. 그리고 더 이상 일을 '정상적으로' 수행하지 못하게 되지요. 번아웃 증상+은 종종 자기도 모르게 갑자기 찾아옵니다.

일 때문에 병이 난 이런 사람들을 위해 다시 정상적인 생활로 되돌아갈 수 있게 돌봐주는 곳이 있다고 칩시다. 하지만 바깥세상의 표준이 바뀌지 않는 한 문제는 해결되지 않을 것입니다. 복귀한다고 해도 여전히 요구 수준은 높을 것이고, 그 안에 있을 때와는 달리 한 번 다른 세상을 경험하고 돌아온 자신에게 그 삶은 더욱 가혹하게 느껴질 테니까요.

단순히 100퍼센트로는 돌보일 수 없기 때문에
–

적어도 퇴근 후에는 마음껏 쉴 수 있었던 시절에는 이 모든 것이 상상도 못할 일이었을 겁니다. 하지만 그런 시절은 오래전에 지나가 버렸고, 우리는 이러한 성과 압력을 유감스럽게도 퇴근 후에도 내려

+ 번아웃(Burn-out)이란 지속적이고 반복적으로 수행되는 과도한 업무에 치여서 모든 에너지가 고갈되어버리고, 업무에 대한 의욕이 떨어지는 '소진' 현상을 말한다.

놓을 수 없게 되었습니다. '일과 직장'이라는 공적인 영역에서 개인의 여가시간이라는 사적인 영역에까지 성과 스트레스가 넘어온 것입니다. '전년도 대비 5퍼센트 초과달성'이라는 목표 합의를 매년 주변 사람과도 체결합니다. 무슨 말이냐고요? 다음 글을 보면 자명해집니다. 그것은 삶의 모든 영역에 적용됩니다.

구인 광고를 살펴봅시다. 사람들은 다음과 같은 프로필의 사람을 찾고 있습니다.

- ☐ 평균 이상의 학부 성적, 석박사 학위나 비교 가능한 학위 소유자
- ☐ 외국어 능력 필수, 제3외국어 구사 선택
- ☐ 문화적 소양을 갖추어 예술에 조예가 깊고 실용적인 사고가 가능한 사람
- ☐ 자기 분야에서 탁월한 능력을 가지고 있되, 즐길 줄 아는 사람
- ☐ 지적이고 다정하며, 호기심이 많고 관대한 성품을 가진 자

이러한 사람을 찾는 일자리는 **빠른 시일 안에** 채워질 수 있겠지만, 이 구인 광고를 낸 쪽은 기업이 아닙니다. 이것은 '구혼 광고'입니다. 일자리 시장과 '결혼 시장'이 닮아 있다는 사실이 놀랍지 않은가요?

사람들은 더 이상 사랑도 평범한 수준의 사람과 하길 원하지 않습니다. 평균적인 인간은 오늘날 일자리 시장에서 눈길을 끌지 못할 뿐만 아니라 배우자를 얻는 '결혼 시장'에서도 대우받지 못합니다. 그 때문에 사람들은 자신의 경력을 엄청나게 포장해서, 자신이 지극히 일반적이라는 사실을 숨깁니다.

주변 사람이 다 아는, 하지만 그다지 만족스럽지는 않은 '이성친구'가 있다고 생각해봅시다. 일 년 후에 주변에서는 추가적인 5퍼센트의 진척을 보려고 할 것입니다. 당신은 이러한 성과 목표를 상이한 방식으로 달성할 수 있습니다. 어떻게든 '이성친구'의 몇 가지 약점과 단점 들을 보완하면서 그의 '발전'을 촉진할 수 있습니다. 혹은 새로운 애인을 만들 수도 있습니다. 새 애인은 이전 그 사람과 비교할 때 더 많은 것을 가져다주어야 합니다. 점점 자신보다 친구들의 판단이 중요해집니다.

"루카스가 예전에 만난 클라우스보다 같이 다니기에는 더 나은 것 같아. 위트도 있고 지적이야."

"질케는 치열이 보기 싫던데, 그래도 예전 애인보단 직업도 좋고 진취적이잖아. 아무튼 질케랑 사귀면서 너도 한층 업그레이드된 것 같지 않아?"

만약 나에게 이미 완벽한 남친(여친)이 있다 하더라도 주변 친구들은 좀 더 많은 것을 바라게 될지 모릅니다. "결혼은 언제 해?" "약혼반지는 뭘로 했어?" "프러포즈도 제대로 안 하는 남자는 볼 것도 없지!"라는 식으로 말입니다. 집에 자석으로 붙여놓는 메모게시판에는 이미 친구, 동료 들의 청첩장이나 약혼식 카드가 수두룩하게 붙어 있습니다. 그것은 무슨 일이 있더라도 그보다 못해서는 안 된다는 기준입니다. 결혼식이 더 이상 '삶의 가장 아름다운 날'이 아니라, '우리가 알고 있는 모든 사람의 삶 중에서 가장 아름다운 날'이어야 합니다. 그리고 그 기준은 해마다 높아지므로 더욱 서두르게 됩니다. 단순히 100퍼센트를 달성하는 것 하나로는 안 됩니다.

타 인 의 기 대 치 가 내 삶 을 잠 식 한 다

—

　서른의 나이에 75제곱미터(22~23평)의 집에 산다면 당신은 3년 후에 이 집에서 사람들을 불러 생일파티를 할 수 없을 거라고 생각할지 모릅니다. 그때쯤이면 집이 세 자릿수 제곱미터 정도 되는 새집에 살아야 하니까요. 또는 도심에 위치한 집에 살든가. 또는 임대주택보다는 자기 소유의 집에 살든가 해야 합니다. 혹시 모르죠. "얼마 전 브래드 피트가 독일에서 영화를 찍을 때 이곳에서 살았어요"라고 말한다면 좀 좁아도 양해가 될지.

　어디 집뿐인가요? 집 안 이곳저곳에서도 추가적인 진척을 이루어야 합니다.

　"이 에스프레소 기계는 지난번 것보다 맛이 훨씬 깊어요."

　"벼룩시장에서 얻은 샹들리에인데, 직접 수리해서 달았더니 완전 예술작품이네."

　이미 가질 수 있는 것을 다 가져서 추가적으로 더할 것이 없다고 해도, 당신은 끊임없이 가진 것을 쇄신해야 한다고 생각할지도 모릅니다. 만약 마흔다섯번째 생일을 그런 완벽한 집에서 축하했다면 적어도 그다음 생일에는 이렇게 말할 수 있어야 합니다.

　"그래, 가을에는 정원에 연못을 새로 만들어야겠어. 우리가 직접 설계해서 말이야. 그래서 우린 지난해부터 정원 건축에 관한 워크숍을 듣고 있어."

　원래 사람들의 친구 관계란 극히 제한적인 수로 이루어져 있었고,

눈을 뜨면 이미 마음은 사무실 책상에 가 있어요

전에는 첫 아침햇살이 비칠 때 잠에서 깨어나 조깅을 했다. 돌아오는 길에 아내와 두 아이에게 갓 구운 빵을 가져다주는 것이 삶의 한 기쁨이었다. 일도 재미있었다. 나는 계속 새로운 아이디어를 냈고, 왕성한 의욕으로 그것을 실행했다. 점점 일할 시간이 부족해졌고 그래서 기상시간을 앞당길 수밖에 없었다. 가끔은 너무 피곤해 다시 잠을 청해보았지만 이미 내 마음은 사무실에 가 있었다. 결국 나는 아침 조깅은 물론, 가족에게 모닝빵을 사다주는 즐거움도 포기한 채 곧장 출근하기 시작했다.

_ 닐스(39세, 임원 보좌진)

커피를 아무리 마셔도, 아무 소용이 없었어요

사무실에서 나는 머리가 쿡쿡 쑤시는 두통이 점점 더 잦아졌고, 때로는 현기증이 일어나 갑자기 자리에 앉을 수밖에 없었다. 정신을 집중하기가 점점 더 어려워져 커피를 더 많이 마셨지만 아무 소용이 없었다. 누군가 내 옆에서 종이를 구긴 것처럼 갑자기 귀에서 바스락거리는 소리가 나기 시작했다. 그렇지만 주위에는 아무도 없었다. 바스락거리는 소리에 나는 거의 미칠 지경이 되었다. _ 카를라(48세, 콜 센터 직원)

파김치가 되곤 했는데,
결국 사무실에서 쓰러지고 말았어요

저녁에 집에 돌아와서 가족들과 몇 마디 말을 나누려 하다가도 소파에서 그냥 잠드는 경우가 점점 빈번해졌다. 그러다가 정말로 사무실에서 쓰러졌을 때 고용주가 나를 병원에 입원시켰다. 그 후 나는 무척 오랫동안 병원에 누워 있었다. 나는 오늘날까지 직장에 돌아가지 못하고 있다.

_ 슈테벤(29세, 인사과 근무)

그들과 규칙적으로 전화하고 만날 수 있었습니다. 하지만 오늘날 온라인 사이트상의 친구 수를 보면 예전과는 비교할 수 없을 정도로 많습니다. 적어도 세 자릿수이고, 때로는 네 자릿수일 때도 있습니다. 그렇지 않으면 우리는 인기 없고 외로운 사람으로 보이기 쉽습니다.

이러한 네트워크 시스템은 매일매일 친구가 얼마나 늘었는지, 새로 친구를 맺을 만한 사람이 누가 있는지 즉각 정보를 알려줍니다. 친구가 꾸준히 늘지 않는 정체 현상이 발생한다면 기분이 좋을 리 없겠지요. 사실 친구에게 어떤 일이 있는지 제대로 알 수도 없으면서 말입니다. 물론 얼마나 많은 친구가 있는지뿐 아니라 어떤 친구가 있는지도 우리에게 중요합니다.

"어떤 여자를 알게 됐는데, 아이가 둘 있고 보험회사에서 일해. 상냥하고 나보다 나이도 어리지. 우리는 말이 정말 잘 통해."

어떤 사람도 이런 식의 친구 이야기에는 반응하지 않습니다. 주변 사람이 나에게 관심을 갖게 하려면 이렇게는 말해야 합니다.

"지난 주말 베를린 중심가에서 진짜 멋진 사람을 알게 되었어. 외교관의 딸인데 쿠알라룸푸르에서 태어났대. 그레이트배리어리프⁺에 생태학교를 설립했고, 지금은 모스크바에서 텔레비전 뉴스 앵커로 일하고 있어. 우리는 말이 잘 통해 금방 친해졌어."

친구들은 내 네트워크에 있는 사람을 자신의 네트워크로 가져가기 위해 애씁니다. 반대로 우리도 똑같은 행동을 합니다. 왜냐하면 단순히 100퍼센트를 달성하는 것만으로는 안 되기 때문입니다.

+ 호주의 북동 해안에 있는 세계 최대의 산호초섬. 경관이 아름다워 관광시설이 발달했고 1981년에 유네스코 세계자연유산으로 지정되었다.

우리는 모두 점점 나이가 듭니다. 우리의 신체는 쓰면 쓸수록 약해지고 노화됩니다. 한 사람의 예외도 없이 누구에게나 동일합니다. 한때는 그런 게 정상이던 시절이 있었습니다. 그러나 오늘날 우리는 생일 때마다 전년도에 비해 더 팔팔하고 젊게 보여야 합니다. 치아는 좀더 하얗게(하룻밤 새에 그렇게 만들 수 있습니다), 피부는 잡티 없이 팽팽하게(태닝을 하면 좀더 건강해 보인다고 믿습니다), 눈 주위는 주름 없이 밝은 톤으로(매일 밤 아이패치를 붙이고 잠자리에 든다면 가능합니다), 허리와 배는 탄탄하게(헬스클럽에서 보내는 시간이 전혀 아깝지 않습니다), 머리칼은 뿌리까지 자연스럽게 염색하고, 얼마든지 젊어 보이게 할 수 있습니다.

당신에게 아이가 있다면 아마 '양육'이라는 영역에서도 위와 같은 일이 일어나고 있을 것입니다. 당신은 아이들이 해마다 추가적인 성과를 내길 바랄 것입니다. 지난 몇 년 동안 중국어 강좌 시장 못지않게 유아 교육 시장이 폭발적으로 늘어났습니다. 부모가 아이들에게 거는 기대가 얼마나 대단한지 알 수 있습니다.

배 속의 생명체가 세상에 나와 자라고, 발전하고, 삶의 매혹적인 기적을 구현하는 순간에도 사람들은 그 아이가 점점 더 무언가를 하길 바라고 자신의 바람을 충족시켜주길 요구합니다. 아니, 사실 우리 아이들은 엄마 배 속에서부터 이러한 성과 압력을 받고 있습니다. 사람들은 태아에게 클래식 음악, 영어 노래, 동화책 등을 들려주고는 안에서 반응이 오기를 기다립니다. 그러면서 자신의 배 속에 천재가 자라고 있음을 확신하곤 합니다.

나이를 먹을수록 아이들에 대한 부모의 기대치는 점점 높아갑니다. 엄마는 자신의 여섯 살짜리 아들 막시밀리안이 합창단에서 '솔로' 파트를 맡길 원하고, 상도 받아오면 좋겠다고 생각합니다. 네 살난 에마는 '데피브릴라토어Defibrillator, 심장세동제거기'라는 단어를 말할 줄 압니다. 에마의 아빠가 아이에게 그 단어를 가르쳤기 때문입니다. 아이가 스스로 글을 읽을 줄 알게 되었다고, 외래어 백과사전에서 그 단어를 가르쳐줬더니 바로 기억하고 말할 줄 알게 되었다는 것이 아빠에게는 큰 자랑거리가 된 셈이죠.

주변의 과도한 관심과 말이 다시 스트레스로

개인생활에서도 직업은 중요한 역할을 합니다. 가족, 친지, 친구들도 종종 내 일에 대해서 궁금해하니까요. 이러한 호기심은 내게 더 많은 성과, 더 많은 일, 더 많은 커리어, 더 많은 스트레스로 작용합니다. 계속해서 나아지는 모습을 보여주지 않는다면 곧 모두들 약속이나 한 듯이 내게 입을 다물고 말 겁니다.

"이번 주는 프로젝트 마감 때문에 사흘 밤을 꼬박 새웠어. 그러고 났더니 우리 부서 사람들이 모두 좀비처럼 보이더라고."

"상원의원이 되니까 좋은 게 한두 가지가 아니더군. 누군가 잠깐 만나야 할 때 공항 비즈니스 라운지를 이용할 수도 있던데. 자넨 알고 있었나?"

"우리 회사 사장은 회사의 중요한 일은 나하고만 이야기하지."

"매해 회사에서 업무용 차량을 지급해주기 때문에 매번 새 차를 타야 해. 어떤 차를 탈지 고르는 것도 일이네."

"슈테피는 돈 벌랴 아이 키우랴, 그 와중에 MBA 과정까지 준비한

언제까지 거기서 일할 거예요? 딴 데 갈 만한 능력은 없는 건가……

난 현재 8년 동안 같은 곳에서 일하고 있다. 회사도 하고 있는 일도 마음에 든다. 스트레스도 많지 않고, 즐거움과 보람이 있다. 가족과 함께 보낼 여유도 있다. 그간 다른 곳에서 오라는 제안이 없지 않았고, 다른 데서 차근차근 승진도 할 수 있었을 것이다. 하지만 굳이 출세의 사다리를 타기 위해 회사를 옮겨 다니고 싶은 마음이 없어 거절해왔다. 그런데 한번은 저녁식사 때 아내의 친구가 나를 옆으로 데려가더니 내게 물었다. "계속 그 일만 할 건가요? 다른 데는 안 알아봐요?" 그 말에 나는 무척 혼란스러워졌다. 그 후 석 달 동안 나는 구인 광고를 이 잡듯이 살펴보았다. 그러다가 다른 사람이 나의 능력을 의심한다는 것 때문에 이직을 생각한 내가 얼마나 어리석었는지 깨달았다.

_ 루저(38세, 조합 지도자)

다던데?"

이러한 대화가 오가는 사회라면, 커리어를 업그레이드하기 위해 끊임없이 노력해 성과를 내지 않으면 친구들도 언젠가는 당신을 별 볼 일 없는 사람이라 여기게 되리라는 예상도 그다지 틀리지 않을 겁니다. 출세 가도를 달리기 위해서는 한곳에서만 진득하게 커리어를 쌓아서는 안 됩니다. 다양한 경력이 필요하기 때문입니다.

"앤디는 퇴근 후에 인터넷으로 와인을 팔아서 투잡에 성공한 케이스야. 내년에는 그것 때문에 무슨 기업가 상도 받는다나봐."

이런 말을 하는 사람이 계속 주변에 있는 한, 정직과 성실을 모토로 한 회사에 오래도록 붙어 있는 루저의 이력을 좋게만 보아줄 리 만무합니다. 루저와 앤디, 이 두 사람 중 누가 더 빨리 성공할 거라고 사람들은 믿을까요?

게다가 휴양이 되어야 하는 휴가는 어떤가요? 어디서 어떻게 무엇을 하며 쉬다 왔는지 변변하게 이야기할 거리가 없다면 그것도 안 될 일이 되었습니다. 휴가 역시 지위의 상징이자 고도의 훈련을 요하는 항목이 되었으니까요. 남이 들었을 때 알아줄 만한 곳에서 쉬어야 하고, 놀라고 부러워할 만한 휴가여야 하고, 해마다 휴가의 격이 높아지면 좋습니다.

기껏해야 15년 전만 해도 해외로 휴가를 가는 일은 흔하지 않았습니다. 그러나 오늘날에는 너도나도 비행기를 타고 훌쩍 외국으로 날아가 유명 호텔, 리조트에서 휴가를 보냅니다. 사람들은 다음 해에는 어디로 휴가를 가야 사람들의 이목을 끌 수 있을지 눈치를 봅니다. 정작 그곳이 얼마나 우리 마음에 드는지는 아무 상관이 없다는 듯 말이지요.

4장

우리는 왜 일이 쉽게 풀리면 불안해할까

토요일 아침 9시라고 상상해보세요.
거실 벽에 사진이 든 액자를 걸어놓으려고 합니다.
어떻게 이 일을 할 생각인가요?

Plan A
안 그래도 평소 소파 위쪽 벽이 허전하다고 생각했습니다. 사진을 걸려면 일단 망치와 못이
필요하겠네요. 저 정도 액자라면 중간 정도의 못이면 될 거예요. 공구상자에서 망치와 중간
크기의 못을 꺼내와 벽에 못을 박고는 사진을 겁니다. 시계를 쳐다보니 9시하고 7분입니다.
생각보다 일이 일찍 끝났네요. 오늘은 무슨 재미난 일을 하며 보낼까 생각하니 절로 휘파람
이 납니다.

Plan B
일단 지하실에서 커다란 공구상자를 가져와 그것을 방바닥에 쏟아놓습니다. 바닥에 쫙 펼쳐
놓고는 비교합니다. 10시 반에 찾을 수 있는 모든 줄자와 수준기(수평선, 수평면을 구하기 위
한 기구)를 바퀴 달린 트레이에 싣고 거실로 가져옵니다. 12시까지 소파 위의 벽을 잽니다. 12
시 9분에 휴대폰이 울립니다. 꽤 먼 곳에 사는 동서가 역시 지난주 집 벽에 사진을 걸었다는
소식을 듣게 됩니다. 듣자하니 새로 이사 온 동서의 이웃집도 액자 걸 일이 있다는군요. 셋이
모여서 이야기를 하면 쉽게 이 문제를 해결할 수 있지 않을까요?
즉흥적으로 12시 반에 셋서 전화 회의를 갖기로 정합니다. 회의를 준비할 시간이 겨우 12분
밖에 남지 않았습니다. 장비, 지금까지 나타난 문제점, 해결 방안에 대해 몇 가지 메모를 합니
다. 동서는 어떻게 해야 할지 가르쳐줍니다. 사진을 걸 때 유의해야 할 점, 가령 좌우 균형 맞
추는 법, 벽에 못 자국을 보기 싫게 군데군데 내고 싶지 않다면 어떻게 해야 하는지 등을 말입
니다.
오후 1시 반에 전화로는 문제가 해결되지 않는다는 결론에 이릅니다. 오후 3시에 동서네 쪽
으로 '직접' 가서 회의를 하기로 합니다. 비행기 표를 끊고 두 아이를 거실로 불러 상황을 설

명하고 몇 가지 당부를 잊지 않습니다. "어떤 일이 있어도 소파를 밀어서는 안 된다. 수준기가 움직이는지 잘 지켜봐라." 그런 다음 몇 개의 서류를 겨드랑이에 낀 채 부리나케 공항으로 향합니다. 도착해서 나는 동서가 급히 예약한 회의실로 달려갑니다. 동서의 이웃은 파워포인트 발표를 준비했습니다.

'거실에 90×60센티미터 사진 액자 달기.

최상의 실행 방법과 전략

기획—슈트렝 페어트라울리히'

그는 다른 나라의 경험도 다룹니다. 그가 발표하는 동안 나는 가끔 고개를 끄덕이지만, 10분마다 블랙베리폰으로 아이들에게 집 상황을 문의합니다. 한번은 갑자기 타란튤라에 물린 것처럼 재빠르게 회의실을 나와서 휴대폰을 귀에 바짝 대고는 "지금 회의중이야"라고 말합니다. 아내한테서 온 전화입니다. 나는 자못 진지한 표정으로 복도를 이리저리 걸어다닙니다. 회의실로 다시 돌아가서, 몇 가지 질문을 하고는 방금 전에 본 세번째 화면에 대해 상세히 논의하자고 합니다.

오후 4시가 되어도 결론이 나지 않습니다. "미안하지만, 비행기가 떠날 시간이 다 돼요"라고 말하고는 서둘러 회의실을 떠납니다. 공항 게이트에서 아이들과 큰 소리로 전화 통화를 합니다. 비행기에 앉아서도 계속 통화를 그치지 않자 승무원이 휴대폰을 압수합니다.

비행기가 공항에 도착하자마자 짐에서 블랙베리폰을 꺼내 전원을 연결하고 안도의 한숨을 쉽니다. 동서의 이웃은 "FYI[+], 건설적인 회의를 가진 것에 진심으로 감사드린다"며 벌써 발표 내용을 발송해왔습니다. 그들은 이메일로 그 문제에 대해 앞으로 규칙적으로 의견 교환을 하자는 합의를 합니다. 다음 만남은 2주일 후에 갖기로 합니다.

파김치가 되어 집에 도착합니다. 오후 5시 55분입니다. 못을 집어 들고 벽에 박은 후 사진을 겁니다. 시곗바늘이 정확히 6시를 가리키는군요! 이것으로 어려운 과제를 처리하며 하루를 성공적으로 끝마쳤습니다!

결국 그날 나는 거실을 청소하고 사진을 반듯하게 세우기 위해 밤 10시까지 거실에 머물렀습니다.

[+] FYI는 'For your information'의 줄임말로, 전자우편 또는 인쇄물 등을 동료나 친구에게 넘겨주면서 자주 쓰는 표현이다. 이때 보내주는 정보가 단순히 공유 차원의 의미만 가질 뿐, 받는 사람이 그에 따른 즉각적인 행동을 해야 한다거나, 보내는 사람 입장에서도 그런 행동을 기대하지 않는다는 정도의 가벼운 뉘앙스를 갖고 있다.

우리는 왜 일이 쉽게 풀리면 불안해할까

승진하는 사람들의 비결은 스트레스?

—

당신은 황금 같은 토요일을 Plan B처럼 보낼 생각은 꿈에도 하지 않겠지요. 그런데도 왜 B의 하루가 그리 생소하지 않을까요? 실은 우리가 B처럼 직장에서 지내고 있기 때문이지요. 앞 장에서 우리는 사회에서 제대로 된 대우를 받으려는 사람은 계속 105퍼센트의 성과를 내야 한다는 것을 보았습니다. 하지만 그것으로 끝난 것이 아닙니다.

한때 소위 결과를 중시하는 사회 분위기 탓에 일의 결과에만 초점을 맞추고 그것에 들인 시간이나 그로 인한 혼란은 어느 정도 용인될 수 있다는 풍조가 있었습니다. 하지만 그러한 생각은 요즘에 와서 많이 바뀌었습니다. 그다지 힘들이지 않고도 좋은 결과가 달성된다면, 어쨌든 결과만 좋으면 괜찮다는 생각은 너무 혁명적이었던 것일까요? 성과도 그에 상응하는 노력이 있을 때에만 가치가 있습니다. 예전에는 효율적이라고 칭송받던 사람이 지금은 게으른 사람이 되었습니다. 성과를 거두고 스트레스를 받는 사람만이 가치를 인정받게 되었습니다.

'파이프라인'이라는 말은 우리가 직장생활에서 즐겨 사용하는 단어 중 하나입니다. 우리는 갖가지 파이프라인에 접속된 상태로 다중으로 일하고 있습니다. 누군가 혹은 무언가와 계속 관계를 맺지 않는 사람은 중요한 인물이 될 수 없고 성공을 거둘 수 없습니다.

전에는 사무실에서 전화 통화를 하면서 거기에만 집중하면 되었습니다. 하지만 오늘날 그렇게 일하는 사람을 보면 사람들은 의아하게 여길지 모릅니다. 보통은 통화를 하면서 이메일과 보고서를 작성하고, 손짓으로 동료와 대화를 나누고, 자료를 분류하고, 책상 서랍을 정리하니까요. 사무실에서 다른 일을 하면서 통화하기에 용이한 핸즈프리 장치는 필수입니다. 각자 자신이 얼마나 중요한 일을 하는지 같은 층의 모든 사람이 들을 수 있도록 크게 소리치면서 통화해야 합니다. 또한 머리에 헤드세트를 착용하고 통화하며 커피를 타러 주방으로 달려갑니다. 우리는 동료들과 아웃룩 달력에 스케줄을 공유함으로써 서로의 스트레스와 압박도 공유합니다.

점심시간은 '네트워크 구축'에 잘 활용할 수 있습니다. 출근길도 활용도가 높습니다. 몇몇 사람들은 마라톤 대회에 출전하기 위해 출근길을 이용해 훈련합니다. 그들은 스톱워치를 차고 조깅을 하며 사무실에 출근해서, 샤워를 하고 옷을 갈아입습니다. 일단 사무실에 들어가서 노력의 흔적인 땀을 씻는 것, 그것은 말할 것도 없이 사무실의 다른 사람들에게 자신의 존재를 부각시키기에 탁월한 포인트입니다. 그렇게 역동적인 삶을 사는 사람이 분명히 성공할 테니까요. 부득이한 경우에는 출근길에도 서류를 검토하고, 지하철에 앉아 휴대폰을 통해 큰 소리로 지시를 내리고, 시간 관리와 업무 효율에 관한 오디오 강의를 들으며 일할 수 있습니다.

만약 당신이 인사부장이라면 누구를 승진시키겠습니까? 안정된 업무 퍼포먼스를 보이는 직원, 야단법석을 떨지 않고 일을 여유 있게 처리하는 직원, 책상이 잘 정리된 직원, 주어진 연차를 다 쓰는 직원, 퇴근 한 시간 전에 자기 일을 끝내고 집에 가는 직원, 한 번도 일요일을 사무실에서 보낸 적이 없는 직원을 승진시키겠습니까? 아니면 계속 일에 쫓기는 직원, 평일 아침 7시면 출근하고 일요일에도 10시쯤

> ### 나더러 뭘 더 하라는 말씀이신지……
>
> 나는 일을 항상 효율적으로 관리하려고 한다. 주변에서는 모두 내가 대단하다고 했다. 갑자기 사장이 면담을 하자고 나를 불렀을 때까지만 해도 그는 내 업무 수행에 대해 흠잡을 게 없다고 먼저 말했다. 근무계약서에 '40시간'이라고 적혀 있는데도 내가 주당 50시간 이상을 일한다고 초과근무를 칭찬하기도 했다. 그런 다음 그가 말했다. "하지만 더 많은 노력을 하는지 지켜보겠습니다. 그러지 않으면 여기서 아무것도 이룰 수 없을 거예요." 마지막으로 그는 내 근무 결과에는 정말 아무 책잡을 것이 없다고 힘주어 말했다.
>
> _ 엘케(29세, 라디오 방송국 과장)

출근하는 직원, 많은 일로 이목을 끄는 직원, 자정 때까지 책상에 앉아 머리를 짜내는 직원, 책상에 서류가 산더미처럼 쌓인 직원, 자기 일을 사무실에서 처리하기 위해 휴가를 반납하고 자신이 얼마나 과중한 업무에 시달리는지 모든 사람들에게 이야기하는 직원(또는 휴가중에도 그곳에서 계속 메일을 쓰고 전화로 일의 진척 상황을 문의하는 직원), 눈 밑에 다크서클이 있고 바쁜 회사 일로 번번이 가족의 중요한 일도 '놓쳐버리는' 직원을 승진시키겠습니까?

첫번째 유형의 직원을 승진시키는 것이 논리적으로 맞지 않을까요? 더 큰 과제, 더 많은 책임을 위해 역량을 남겨두는 이러한 유형이 신뢰할 만하지 않습니까? 두번째 유형은 이미 지금 과제만으로도 벅차 보이는 게 확실한데, 과도한 요구를 받고 있다는 것을 온몸으로 증명하고 있는데, 이런 사람에게 더 큰 책임을 맡겨도 되는 걸까요? 그렇게 생각하는 것이 확실히 논리적일지는 모릅니다.

하지만 결과가 어떤지 아십니까? 첫번째 유형은 승진되지 않습니다. 적어도 이런 식으로 살아서는 말입니다. 왜냐하면 그는 '필요한 책임감'을 보여주지 않기 때문입니다. 스트레스를 받고 과중한 부담에 시달리는 모습을 보이는 사람이 성공적이고 능력 있는 자로 간주됩니다. 그렇지 않다면 그는 스트레스를 받고 과중한 부담에 시달리는 모습을 보일 만큼 그리 할 일이 많지 않을지도 모릅니다.

하지만 한편으로 눈 밑에 다크서클이 있는 사람은 거리의 시한폭탄 같은 존재입니다. 충분히 쉬지 못하고 격무에 휩싸여 지내다 언제 어디서 쓰러질지 모르기 때문입니다. 사고 원인으로 가장 빈번한 것이 과로입니다. 매일 교통사고가 생겨 인명이 희생되는 이유도 운전

기사들이 푹 자지 못하고 도로 위를 달리기 때문입니다. 이 사회는 필요한 휴식을 누리고, 자기 일을 쉬엄쉬엄 처리하는 것을 용납하지 않습니다.

일에 임하는 태도에 따라 두 부류의 사람이 있습니다. 한쪽은 실제로 과도한 요구를 받고 스트레스에 시달리고 있습니다. 그리고 그들은 출세를 합니다. 로런스 피터Laurence Peter와 레이먼드 헐Raymond Hull은 『피터의 원리The Peter Principle』에서 "위계 사회에서 모든 구성원은 자신의 능력의 한계까지 올라가는 경향이 있다"고 구체적으로 설명했습니다. 즉 인간이 점점 더 높은 직위를 추구하다가 결국은 자신의 능력을 넘어서는 과도한 요구를 받게 된다는 말입니다. 그리고 경제학과 행정관리 분야에 있는 사람들은 누구든 자신이 도저히 감당할 수 없는 지위까지 이르도록 요구받습니다.

그러나 피터와 헐의 견해에 따르면 결국 아직 이러한 지위에 이르지 못한 사람들이 모든 일을 처리한다는 것입니다. 여기서 이러한 사람이란 두번째 그룹에 속하지만 과도한 요구를 받지 않는 사람들입니다. 엄밀히 말하자면 이 부류가 사회의 대다수를 이룹니다. 그렇지 않으면 경제가 원활히 돌아가지 않고 정체될지도 모르지요. 이런 사람들은 자신의 일을 잘해나가고 있습니다. 어쩌면 그것이 그들에게 저주가 될지도 모르지만.

착실한 그들이 계속 바보 대접을 받지 않기 위해서는 한 가지 탈출구밖에 없습니다. 남들처럼 과도한 요구에 시달리는 모습을 보이는 겁니다. 매일 스트레스를 받고 바쁘게 보일 만한 새로운 방법을 강구합니다. 그들은 회의를 놓치지 않고, 책상에 서류를 산더미처럼 쌓아

놓고, 복도를 유유자적 걷기보단 사람들 사이로 급히 지나며 균형을 잡습니다. 그리고 다음 날 아침이 오지 않을 것처럼 열심히 발표 준비에 매달립니다. 그들은 컴퓨터 모니터에 창을 여러 개 띄워놓고, 정신이 나간 듯이 자판을 두드리며 이메일을 보내고, 모든 사람에게 모든 사항을 보고합니다. 낮에 그런 이메일을 보내는 사람은 바보일 뿐입니다. 그들은 다른 사람들이 아직 사무실에 없거나 혹은 더 이상 사무실에 없을 때 이메일을 보내는 것이 더 효과적이라는 것을 압니다. 즉 아침 6시나 밤 11시, 새벽 2시에 이메일 프로그램과 문자 발송 프로그램을 통해 자신의 상황을 알립니다.

보통 직장인들에게는 정기적으로 열리는 '회의'가 있습니다. 한번 재미 삼아 회의에 참석한 사람 한 명 한 명을 물망에 놓고 스스로에게 물어보세요.

"만약 이 사람이 이곳에 없다면 어떻게 될까?"

대부분의 경우 '아무 일 없음'이란 대답이 나올 것입니다. 그렇다고 해도 "우리 아예 이런 회의를 개최하지 않으면 어떨까요?"라고는 나서서 말하지 못할 겁니다. 그 누구도 자신이 얼마나 열심히, 과도하게 스트레스를 받고 있는지 남들에게 알릴 최적의 기회를 스스로 날려버리고 싶진 않을 테니까요.

일주일에 여러 날을 출장으로 보내는 사람도 많습니다. 잘 생각해보면 지금보다 짐을 꾸리며 보내는 날이 적어도 될지 모르는데 말이죠. 2010년 봄, 대규모의 화산재 구름 때문에 유럽의 절반에 해당하는 지역에서 항공 교통이 마비됐습니다. 아이슬란드에서 에이야프얄라요쿨이라는 유별난 이름을 가진 화산이 기침을 하자, 사무실 근로

그러지 않으면 다들 나란 사람을 대단치 않게 여길 테니까요

그래도 나는 사정이 좋은 편이다. 이제 시작하는 젊은 친구들은 사실 과도한 부담을 안고 있다. 그들은 일에만 파묻혀 산다. 저녁이나 주말에도 서류를 들고 집으로 간다. 그러지 않으면 일을 마무리할 수 없기 때문이다. 나는 이제 나이가 좀 들어서, 내 분야라고 할 만한 것을 발견했다. 원칙적으로 하루 일을 한 시간 반이면 처리할 수 있다. 8시에 출근해서 9시 반이면 집에 갈 수 있거나 신문을 읽을 수 있다. 그럼에도 나는 서류들을 내 책상에 잔뜩 쌓아두고 있다. 나는 그것을 단숨에 처리할 수 있을지는 모르지만, 언제나 몇 주 동안 일단 이곳에 놓아두고 일을 잘 배분해서 처리한다. 왜냐고? 그러지 않으면 이곳에서 다들 나를 대수롭지 않게 여길 테니까.

_ 볼프강(53세, 검사)

자 수백만 명이 출장을 포기해야 했습니다. 그들은 어쩔 줄 몰라 하며 사무실에서 허둥댔습니다.

하지만 마치 아무 일도 없었던 것처럼 세상은 계속 돌아갔습니다. 출장을 포기했음에도 결국 '일'은 처리되었습니다. 대규모의 패닉에도 불구하고 출장을 가지 못해 실패했다는 프로젝트는 단 한 건도 알려지지 않았습니다. 거대 기업에서 근무하는 이들에게만 해당되는 일이라고 생각한다면 착각입니다. 공기업이나 관료조직에서도 이러한 스트레스는 무시 못할 정도가 되었습니다.

스트레스를 받는 척하는 것이 실제로 스트레스를 받는 것보다 더 스트레스를 줍니다. 오른손이 만들어낸 스트레스를 왼손이 고맙게도 해결할 수 있습니다. 필리페 로틀린Philippe Rothlin과 페터 베르더Peter Werder는 이런 문제에 대해 '보어아웃⁺'이라는 교양 있는 개념을 만

들어냈습니다. 보어아웃은 번아웃의 반대 개념입니다. '보어아웃'이란 일에서 자신의 능력보다 낮은 요구를 받고, 지루해하며 의욕 상실에 빠지는 것을 말합니다. 하지만 그들은 그런 현상을 아무에게도 말할 수 없습니다. 그렇게 하면 오늘날 우리 사회에서는 도태되기 십상이기 때문입니다.

능력을 최대한으로 발휘하지 않는다는 것은 보기 좋은 일이 아닙니다. 로틀린과 베르더는 "할 일이 없어서 그냥 퇴근시간만을 기다리는, 빈둥거리며 시간을 때우는 자들은 그야말로 공포다"라고 말했습니다. 할 일이 많은 척해야 하는 계속적인 압박을 받는 사람은 과도한 일을 요구받는 사람보다 훨씬 빨리 지칠 수밖에 없습니다.

야망 없는 자만이 야근하지 않는다?

–

예전에는 많은 회사가 출퇴근기록기를 두어 아침에 출근할 때와 저녁에 퇴근할 때 카드를 찍었고, 휴식시간에도 그랬습니다. 고용주는 그런 식으로 근무시간을 철저히 파악하고 관리했습니다. 많은 사람들은 그것 때문에 지각하지 않고, 일분일초도 허투루 쓰지 않도록 엄청난 압박을 받았습니다. 그럼 이런 생각은 안 드나요? 그토록 다양한 나라와 다양한 분야의 일을 하는 모든 직장인이 일을 처리하기 위해 필요한 시간이 딱 여덟 시간이라는 우연이 얼마나 다행인지.

✦ 보어아웃(Bore-out)은 직장에서 겪는 지루함과 단조로운 업무로 생기는 '의욕 상실'이나 '무관심'을 뜻한다.

고용주가 출퇴근기록기를 포기하자 우리에게 온 것은 무엇인가요? 출퇴근자율제와 탄력근무제 같은 것인데, 이것이 자유를 주었나요? 자유롭게 일하라는 말은 이제 되도록 많이 일하라는 뜻이 되고 말았습니다. 오래 일하는 것은 지위의 상징이 되었습니다. 계속 내실 있게 능률을 향상시킬 뿐만 아니라 시간을 많이 투입하는 사람이 가치를 인정받습니다. 오늘날에는 경쟁하듯 제일 늦게 사무실을 떠나면서 사장에게 "안녕히 주무세요" 혹은 "몇 시간 뒤 뵙겠습니다"라고 말하고 있습니다.

요즘 사무실에서는 쉽고 빠르게 의사소통할 수 있도록 '메신저' 프로그램을 널리 쓰고 있습니다. 그것은 출퇴근기록기의 부활이나 마찬가지입니다. 게다가 놀라울 만큼 발전된 형태로 예전의 그것보다 더 효율적입니다. 가령 9시 7분에 "토마스 마이어 님이 로그인했습니다"라는 메시지창으로 모든 직원에게 토마스의 정확한 출근시간을 알려줍니다.

물론 살다보면 당신이 교통 체증에 걸리거나 지하철 파업을 만날 때도 가끔 있습니다. 그럴 경우 10분이나 15분 정도는 지각할 수 있지요. 중범죄를 저지른 것도 아닌데 뒷문으로 살그머니 들어가다 들키거나 사무실 복도에서 만난 상사에게 부끄러운 나머지 잘 들리지도 않는 목소리로 변명을 중얼거리는 모습은 어딘가 불편하게 느껴집니다.

10분 정도 늦게 사무실에 도착한다고 해서 하루의 업무를 마무리하지 못할 사람이 얼마나 있을까요? 하루에 보통 열 시간이나 열두 시간 동안 한결같이 집중해서 생산적으로 일하는 사람이 얼마나 있겠습니까? 이러한 압박을 지속적으로 주고받는 것이 과연 옳을까요?

밤까지 사무실에 불을 켜고 앉아 있는 사람이 책임감 있는 좋은 직원이라는 인식, 6시나 그 전에 업무를 마치고 집에 가는 사람은 예전처럼 효율적이고 시간 관리를 잘한 게 아니라 게으른 직원이라는 인식, 이것이 현실입니다.

근로기준법이 있다는 것을 알고 계십니까? 모든 기업은 직원의 권익과 복지를 위해 근무시간에 대한 규정을 따라야 합니다. 근로기준법에는 법정근로시간, 휴일, 휴가 등 다양한 조항이 있는데, 가장 중요한 규정은 '일주일의 근로시간은 휴게시간을 제하고 40시간을 초과할 수 없다'입니다. 즉 하루에 평균 여덟 시간 이상을 근무해서는 안 된다는 것입니다.

이례적인 경우에만, 예를 들어 '원료나 생필품을 못 쓰게 될 우려가 있거나 작업 결과가 실패로 끝날 우려가 있을 때'만 고용주는 긴

일보다는 출퇴근 시간에만 신경을 곤두세우는 사장들

우리 사장은 늦어도 8시 반이면 사무실에 도착한다. 어차피 우리는 이 시각에 아무런 할 일이 없다. 언론사의 요청도 10시에 시작하는 편집 회의 후에나 들어온다. 내가 9시에 사무실에 들어오면 사장은 눈살을 찌푸린다. 9시 3분에 들어와 "안녕하세요" 하고 인사하면 사장은 대꾸도 하지 않는다. 칼퇴근을 하면 사장은 대놓고 '정각 6시에 펜을 놓는 직원'에 대해 욕한다. 퇴근시간 이후까지 일을 하는 것이 정상적이지는 않다. 아직까지 나의 일처리에 대해 아무런 잔소리가 없던 걸로 봐서는 사장에게는 그저 출퇴근 시간, 업무'시간'이 문제다.

_ 지몬(36세, 제약회사의 공보관)

근무시간을 요구할 수 있습니다. 이런 예외적인 경우에도 근무시간이 일주일에 평균 48시간 이상을 초과해서는 안 됩니다. 이런 규정을 위반하는 고용주는 최대 1만 5000유로의 벌금을 물게 됩니다. 반복해서 규정을 위반하는 사장은 징역형에 처해질 수 있습니다. 이 법대로라면 하루 여덟 시간 이상의 근무는 이례적일 뿐만 아니라 그야말로 범죄적이기도 합니다.

그렇지만 현실은 어떻습니까?

오늘날 '나인투파이브(혹은 나인투식스)' 근무는 고루하고 게으르고 야망 없는 자를 통칭하는 개념으로 여겨집니다. 그것은 예전에 출퇴근 시각을 기록하던 시절에나 통하던 사고방식입니다. 오늘날 불쌍한 직원들만 칼퇴근을 합니다. 직장에서 먼 곳에 살기 때문에 퇴근시간이 되자마자 가야 하는 그런 사람들 말고, 진지한 마음가짐으로 하루에 여덟 시간만 일하려는 자는 오히려 성과거부자나 패배자의 영역에 속하게 되는 것이지요.

독일경제연구소의 연구에 따르면 직장인 64퍼센트가 하루 여덟 시간 이상 일하고 있습니다. 합하면 독일인 전체가 매년 500억 시간 이상 일하는 셈입니다. 직업연구기관의 노동 시장 연구에 따르면 그중 약 300만 명이 초과근무를 하고 있다고 추산합니다. 그것은 다시 계약에 규정된 것보다 1인당 100시간 이상이 됩니다. 게다가 이렇게 발생한 초과근무에 수당이 지급되는 경우는 절반밖에 되지 않습니다. 초과근무에 대한 수당을 받지 않고도 성과를 내겠다는 일념으로 자진해 야근하고 특근하는 사람들이 있는 한, 회사에서 먼저 나서서 수당을 지급할 가능성은 없을 것입니다.

심지어 아직 출퇴근기록기를 쓰는 곳에서는 퇴근시간이 되면 일단 카드를 찍고, 그런 다음 다시 사무실로 돌아가 몇 시간 더 일하는 경우도 있습니다. 이런 일에 동참하지 않는 사람은 '근무거부자'나 다름 없습니다.

주말에도 내게서 일을 빼앗지 말아줘요
—

스트레스와 지속적인 근무에 대한 강제는 다양한 '홀릭'들을 낳았습니다. 인터넷 게시판에는 이런 이야기들이 차고 넘칩니다. 즉 여자는 매일 회사에서 늦게 귀가하는 남편에 대해 불평하고, 남자는 토요일마다 컴퓨터 앞에 웅크리고 앉아 있거나, 심지어 식탁에서도 프로젝트에 매달리는 아내에 대해 불평합니다.

함께 여가생활을 하라고요? 어림없는 일입니다. 그들은 일이 없으면 오히려 지루해합니다. 텔레비전 프로그램에도 집중하지 못합니다. 고객과의 저녁식사는 '준準 여가시간' 이라며 아무렇지 않게 여깁니다. 그리고 잠시라도 누군가 자신의 서류를 가져가면 견딜 수 없어 합니다.

워커홀릭은 알코올중독이나 약물중독처럼 치료해야 할 질병입니다. 일 중독자들은 결코 쉬는 법이 없습니다. 그들은 주말을 싫어합니다. 반나절 근무하는 사람을 마치 달나라에서 온 사람처럼 쳐다보지요. 아무 일도 하지 않는다는 것이 그들에게는 악몽입니다. 그들은 자신의 아이들이 하루가 다르게 얼마나 예쁘게 크는지 알지 못합니다.

> **망할 블랙베리! 차라리 휴가를 오지 말지 그랬어?**
>
> 마침내 남편과 스키 휴가를 떠났어요. 우리는 이미 이전에 세 번이나 휴가를 연기했었고, 그중 두 번은 여행 당일에 연기했어요. 그때마다 짐은 다 꾸린 상태였죠. 마침내 휴가지에 도착하니 날씨도 환상적이었고 하얗게 눈 덮인 세상이 황홀했어요. 그런데 남편은 스키 리프트를 기다리면서도 블랙베리로 이메일을 쓰더군요. 우리 차례가 되자 남편은 마지못해 올라타고는 초조한 눈초리로 리프트를 꽉 붙잡았어요. 위에 올라가자마자 그는 다시 주머니에서 블랙베리를 꺼내더니 답장을 보내더군요. 일주일 내내 이런 식이었어요. 이럴 거면 대체 휴가를 왜 온 걸까요?
>
> _ 타트야나(35세, 어느 인터넷 게시판에서)

가족과 산책하는 중에 느닷없이 회사에 가는 일도 허다합니다. 투명한 유리덮개 안에서 자신과 일만 존재하는 것처럼 살아갑니다.

"휴가라고? 말도 안 되는 소리!"

일이라 불리지 않는 것은 모두 마음에 걸려합니다. 이미 오랫동안 나름대로 '성취' 해냈기 때문에 경제적으로는 조금도 일할 필요가 없음에도.

이런 사람들을 병원에 보낸다면 어떤 일이 일어날까요? 그들은 병원에서조차 분명 눈에 띌 겁니다. 환자들끼리 탁구 대회를 열고, 그룹별 모임을 만들어 그 안에서 왕성하게 활동하며 주도적인 역할을 합니다. 이 스트레스 강박은 이제 점점 더 젊은 나이대의 사람에게까지 내려가고 있고, 이미 대학에는 번아웃 증후군이 있는 대학생들을 위한 심리치료 복지기관이 있습니다. 그런 증상을 호소하는 중고등학생들도 있습니다.

하지만 일 중독자들은 사회라는 거대한 다람쥐 쳇바퀴를 돌리는 존재입니다. 그런 이유로 경제와 사회 분야에서 존중받을 뿐만 아니라 사회적 모범인 양 타인들에게 제시되지요. 일중독은 의학적으로 아직 인정을 못 받고 있지만 그들 대부분이 고혈압, 이명耳鳴이나 심장병 같은 질병 때문에 치료받습니다. 일 중독자들은 자기 자신이나 가족뿐만 아니라 동료 직원과 회사 전체에도 해가 됩니다. 특히 사장이 워커홀릭이라면 회사는 파멸에 이를 수도 있습니다.

"퇴근 후에도 근무시간 때만큼 스트레스를 받는다는 건 열심히 산다는 증거가 아니겠어?"라고 이들은 말합니다. 헬스클럽, 스페인어학원, 베이킹 강좌, 여행…… 아무것도 놓치고 싶지 않다면 이 정도는 보통입니다. 오래전부터 우리는 일을 떠난 공간에서조차 일을 하듯 모든 것을 관리합니다. 아이들과 지낼 때나 쇼핑할 때, 이웃과 바비큐 파티를 할 때조차도 말이죠.

우리가 살면서 입을 다물고 가만히 있는 때가 있다면 마트 계산대에서 줄 서서 차례를 기다릴 때뿐이 아닐까요? 그때도 기다리다 못해 이성을 잃어본 적이 있을 겁니다. 슈퍼마켓 계산대에 네 사람 이상이 줄 서서 차례를 기다리자마자 거기서 어떤 일이 벌어지는지 살펴보세요. 어떤 엘리베이터에서도 문 닫는 '클로즈' 버튼이 가장 심하게 닳아 있다는 사실도 다시 한 번 떠올려봅시다. 같은 건물의 다른 층에서 누가 올라타든지 우리는 그동안 고개를 저으며 버튼을 마구 눌러댑니다. 사무실 문은 단지 일 스트레스와 여가 스트레스 사이의 회전문일 뿐입니다.

전에 우리는 가끔 친구들 혹은 그 누군가와 전화로 수다를 떨었습니다. 때로는 몇 시간 동안이라도. 머리에 헤어캡을 쓰고 얼굴에 팩을 붙이고서 말입니다. 예전 같으면 너무 바쁜 사람들은 친구를 잃었을 것입니다. 그런데 오늘날에는 친구에게 내줄 시간이 너무 많으면 친구를 잃게 됩니다. 무슨 말이냐고요? 요즘엔 집에 전화를 걸어 바로 연결이 가능하다는 것은 치욕에 가까운 일입니다. 막상 그런 일이 일어나더라도 이렇게 말해야 합니다.

"안 그래도 막 나가려던 참이었어."

요가 하러, 모임 하러, 요리 배우러, 시장 보러, 데이트하러, 미술 교실에 가려고. 또한 우리는 사무실에서처럼 멀티태스킹을 합니다. 즉 그릇을 달그락거리고, 종이를 바스락거리면서 전화 통화를 하고 텔레비전 뉴스를 보거나 가족과 이야기를 주고받기도 합니다.

즉흥적으로 한잔 하러 갈 시간이 있는 사람은 친구들한테 그리 매력적이지 않습니다. 그래서 우리는 주말 파티에 놀러 오라는 초청에 대해 바로 의사를 밝히지 않습니다. 거절도 수락도 뜸을 들여야 합니다. 내가 얼마나 바쁜지 남들이 알아야 하니까요.

"토요일에 파리에서 여동생이 찾아와 르네 폴레슈(저명한 독일 극작가)의 초연작품을 보기로 했어. 새로 생긴 태국 레스토랑에서 음식을 먹기로 예약해두었거든. 곤란할 것 같아."

이 정도의 말이면 딱 좋습니다.

그런데 이 모든 것은 30대와 40대 사이의 사람들에게만 적용되는 게 아닙니다. 오히려 그 반대입니다. 일의 부담에서 벗어난 은퇴자들도 한가해 보여서는 안 됩니다. 주중에는 모임에서 포도주 특산지로 나들이를 가고 운동을 합니다. 주말에는 손자 손녀 들과 수영장에 가고 교회의 성가대 연습에 참석하고, 집안일을 돕습니다. 월요일에는 정원사와 새로 심을 정원 식물에 대해 이야기를 나눕니다. 심지어 여가시간 스트레스는 은퇴 연령에 이르기까지 점점 더 올라가는데, 그 나이가 되면 스트레스가 정점에 달합니다. 예전 연금생활자들은 "난 시간이 있어요"라고 아무렇지 않게 말했지만, 오늘날 그런 말을 하면 동정 어린 눈길을 받습니다.

다른 과제들과 경쟁하는 '휴식' 스트레스

—

여가시간도 하나의 도전이 되었습니다. 성공적으로 보내기 위해서는 전문가의 도움이 필요합니다. 주말 동안 해외 나들이 다녀오기, 익

스트림 스포츠에 도전하기, F1 자동차 경주 보러 가기, 맥주 양조 세미나 참석하기…… 기괴하다고요? 이러한 것들은 오늘날 우리가 여가시간을 어떻게 보냈는지를 가늠할 수 있는 기준들입니다.

스트레스는 지켜보는 사람이 필요합니다. 그렇지 않으면 사회적으로 적절한 스트레스가 아닙니다. 커다란 사무실이나 유리로 된 개별 사무실에서는 책상 위의 서류 몇 개로도 스트레스를 전시하기 편하지만, 여가 스트레스의 경우는 다릅니다. 노모포비아⁺라고 들어보셨나요? 타인과 연결되어 있지 않다는, 연결될 수 없다는 데서 오는 불안감입니다. 우리는 서로 인터넷에서 트위터, 페이스북 등 소셜 네트워크를 통해 쉴 때조차 끊임없이 소식을 전합니다.

"엄마 때문에 또다시 나가서 심부름을 해야 할 판."

"얼마 전에 발견한 예쁜 카페에서 커피를 마시며 곰곰이 생각중."

"이 기차역 매표기는 매번 고장이야!!!! 아우, 열받아."

하나하나의 호흡이 모두 사건이 되고, 우리의 삶은 그런 식으로 삐걱거립니다.

전에 같이 저녁식사를 하면서 블랙베리폰을 옆에 놓고, 진동이 울리거나 빨간 불이 반짝이면 얼른 이메일을 확인하는 사람들을 보고 꼭 저렇게 해야 하느냐고 놀려댔습니다. 우리는 그런 사람들이 아무것도 아닌데도 굉장히 바쁜 척한다고, 중요한 사람인 척한다고 웃음거리로 삼았습니다. 왜냐하면 이메일 대부분이 별 내용이 아니기 때문입니다. 저녁식사 후가 아니라 심지어 과감하게 다음 날 아침에 확

⁺ 노모포비아(nomophobia)란 휴대폰 없이는 잠시도 견디지 못하는 증상을 말한다.

인해보아도 아무 문제가 없을 일입니다. 오늘날에는 대부분의 사람들이 식사할 때, 잠잘 때, 섹스할 때―일할 때도 물론이지만―계속 진동하고 불이 반짝이는 모바일폰을 옆에 둡니다.

당신은 이 장의 첫 부분에 나온, 사진을 거는 이야기 때문에 아직도 웃고 있습니까? 앞에서 말한 정도로는 인정하기 어려운가요? 먼 곳에 사는 어떤 아는 사람이 트위터를 통해 사탕수수에서 직접 채취한 설탕을 차에 탄다고 알립니다. 사람들은 이에 대해 즉각 멘션을 보냅니다. 페이스북을 통해 다음다음 주에 있을 파티 초대장이 도착합니다. 벌써 세번째 확인하는 것입니다. 함께 차 마시기로 한 약속을 연기하자고 친구가 문자메시지로 연락해왔습니다. 즉각 문자메시지로 다음 약속 날짜를 정합니다.

애플리케이션을 통해 커플을 위한 새로운 조리법이 도착합니다. 즉각 의견을 나누고, 쇼핑 리스트를 체크한 후 요리 날짜를 정합니다. 우리는 앞서 블랙베리폰 이용자를, 일 때문에 스트레스 받는 상황에 대해 가식을 떤다고 비웃었지요. 우리의 휴식은 조용하지 않습니다. 여전히 일할 때처럼 떠들썩하고 많은 사람과 함께 있으며, 긴장 완화는커녕 또다시 스트레스가 생깁니다.

우리는 집의 욕조에 누워 무엇을 합니까? 전에는 그냥 목욕을 즐기며 아무 일도 하지 않았습니다. 그 이유 때문에 우리는 목욕을 했습니다. 오늘날은 목욕을 하며 '자극' '균형' '활기' '피부의 팽팽함' '명상' '면역력 증강' 중에 어떤 활동에 몰두할 것인지를 선택하면서 곰곰이 생각해야 합니다. 욕탕의 방향제도 일정한 용도를 겨냥해 놓아야 하고, 목욕은 적극적인 활동이 됩니다.

'깜박 졸음+'과 '느리게 살기'는 '스피드 데이팅++을 통한 파트너 찾기'나 '세탁소에 셔츠 맡기기' 같은 해야 할 일 목록에 적혀 있는 과제들입니다. 모두 제대로 처리되어야 할 이런 일들은 다른 '과제들'과 함께 경쟁하여, 너무나 자연스럽게 직접 스트레스를 야기합니다. 우리는 그룹 모임과 포럼에서 전에는 그냥 간단히 한 번에 한 시간씩 발코니에 앉거나 정원에 마주 앉아 노니는 고양이를 지켜보며 대화를 나누었을 현상을 부풀려 말합니다. 그렇지만 이제 그것은 그리 간단하지 않습니다.

여가의 목적은 더 이상 푹 쉬는 것이 아닙니다. 요즘 우리는 다 써버린 에너지를 충전하고, 어떤 문제에 대해 곰곰이 생각하고, 일할 수 있는 상태나 정신으로 돌아오는 것을 여가의 목적으로 여깁니다. 이 모든 것이 철저하게 목적을 겨냥하는 행위입니다. 유럽인들은 요가, 명상, 기공, 태극권 같은 아시아적 '기예'를 통해서만 긴장 완화를 할 수 있다고 생각하지는 않나요? 다른 모든 것은 스트레스 받는 우리의 여가생활에서 대단한 주목을 끌지 않을지도 모릅니다. 전에 우리는 휴가에 대해 '자율적으로' 라는 개념 하나밖에 몰랐으니까요.

『슈피겔』지는 '디지털 시대의 빈둥거리는 기술'에 대해 보도하고, 『포쿠스』지는 '긴장 완화의 생물학—몸과 마음을 올바르게 충전하는 기술'에 대해 조언합니다. 두 가지 모두 10페이지가 넘는 지면으로 구성된 머리기사였습니다. 이것은 첫째로 다음을 의미합니다. 즉

+ 깜박 졸음(power napping)이란 깊은 수면 상태에 빠지기 직전 깜빡 졸면서 알파 단계 및 꿈의 단계를 방랑하는 방법을 말한다.
++ 스피드 데이팅(speed dating)이란 독신 남녀가 애인을 찾을 수 있도록 여러 사람을 돌아가며 잠깐씩 만나보게 하는 행사를 일컫는다.

'디지털 시대'에 사람들은 이전 시대와는 다른 방식으로 휴식을 취한다는 것. 둘째, 이처럼 휴식을 취하는 것은 배워서 익혀야 할 기술이지, 가벼이 생각하거나 누구나 할 수 있는 게 아니라는 것. 그러므로 휴식은 자신의 사생활에 약간 스트레스를 받더라도, 주도면밀하게 계산하고 실행하고 의사소통을 하고 성취해야 할 그 무엇이라는 겁니다. 유력 매체의 헤드라인을 장식할 정도의 기사라면 개개인의 삶에 지대한 영향력을 발휘할 것이고, 구독자들은 그것을 그만큼 가치 있고 옳다고 여길 것이기 때문입니다.

5장

완벽하길 기다리다가 놓쳐버리는 삶

찬장에 뮤즐리✦ 한 봉지가 들어 있다고 생각해봅시다.
뮤즐리에 대해 인터넷을 조사하고 전문가 집단에게 조언을 구한 결과
182센티미터의 키에 72.5킬로그램의 몸무게를 가진 32세의 남자에게,
특히 스트레스가 많은 직업인 은행원인 남자에게는 호박씨의 함량을 줄이고
무화과의 함량을 늘리는 게 좋다는 결론을 얻었습니다. 전에는 어떻게 했을까요?
전에는 당신이 이런 일에 전혀 관심이 없었을지도 모릅니다.
왜냐하면 뮤즐리는 늘 완제품으로만 살 수 있었으니까요.
사실 내용물을 개별적으로 취향에 맞게 구성해 살 수 있는 곳이 있었을지도 모르지만,
그런 일은 단지 좀 별스러운 사람들만 하는 일이었습니다.
오늘날 당신은 뮤즐리를 마음대로 배합할 수 있습니다.
호박씨가 3퍼센트 든 것으로 할지 또는 4퍼센트 든 것으로 할지 스스로 정할 수 있습니다.
이로써 어떤 비율이 완벽한지를 아는 것이 매우 중요합니다.
모든 질문에는 정확히 하나의 올바른 답변이 있습니다.
여자친구가 있다고 생각해봅시다.
그녀는 갈색 머리, 갈색 눈, S라인의 몸매, 풍부한 교양과 상식, 유머까지 겸비한 여자입니다.
거기에다 음악가 쇼팽을 편애하고, 현대 대중문학에 관심을 갖고 있습니다.
하지만 왠지 이 여자친구가 만족스럽지 않습니다.
인터넷 게시판에 여자친구에 대해 글을 올려봅니다. 네티즌들은 이를 놓고 일주일간 끈질긴
토론을 벌입니다. 당신은 이들의 이야기를 듣고 다음과 같이 생각하게 되었습니다.
즉 182센티미터의 키에 72.5킬로그램의 몸무게를 가진 32세의 남자로 스트레스가 많은
은행원인 나에게는 쇼팽보다는 대중적인 록 뮤지션을 좋아하고,
현대 대중문학에 대해 질문하지 않는 여자친구가 더 좋겠다고.
대체 예전에는 어떻게 했을까요?

✦ 귀리, 말린 과일, 견과류 등의 혼합물로 우유에 타서 아침식사 대용으로 먹는다.

완벽하길 기다리다가 놓쳐버리는 삶

단 하나의 올바른 결정이 있다는 믿음

—

현대의 커뮤니케이션은 우리가 필요로 하는 것과 우리에게 완벽하게 적합한 것이 세계 어딘가에는 꼭 있고 그것을 찾아내 모두 가질 수 있다고 가르쳤습니다. 인터넷에는 모든 것을 가려내고 테스트할 수 있는 페이지들이 있습니다. 심지어 은밀하고 비밀스러운 영역으로 여겨지는 '애인 혹은 이성과 나누는 키스 테크닉'과 그보다 더 내밀한 세부사항에 대한 평가까지 말이지요.

사람들은 인터넷의 이러한 내용을 자기 삶의 올바른 길잡이인 양 여기고 반영합니다. 뮤즐리, 주스, 차나 커피, 잼, 초콜릿, 운동화, 아파트, 주거지, 인생의 파트너, 시부모 등 주제는 다양하지만 답에서는 타협이 없습니다. 어딘가에 존재하는 단 하나의 올바른 답을 찾아 사람들은 검색하고 또 검색합니다.

우리가 오늘날 삶의 어떤 문제에 대해 이러한 노력 없이 대충 결정했다고 가장 친한 친구에게 이야기한다면 그(녀)는 안됐다는 듯이 2,3초 동안 당신을 위에서 아래로 찬찬히 훑어볼지도 모릅니다. 사생활에서도, 아주 작은 일에서도 실수하지 않고 오차가 없도록 애를 씁니다. 실수란 100퍼센트 올바르지 않은 것이라는 인식이 팽배합니다.

이렇게 우리는 우리의 삶을 '관습화합니다'. 모든 것을 극히 상세한 내용까지 스스로 정할 수 있기 때문에, 바로 그것 때문에 스트레스가 발생합니다. 단 하나의 올바른 결정만이 존재합니다. 즉 하나의 올바른 뮤즐리, 하나의 올바른 파트너가 존재합니다. 우리는 오늘날 콘돔마저도 너무 끼지 않도록 주문 제작할 수 있습니다. 콘돔 판매 회사는 이렇게 선전합니다.

"완벽한 크기를 찾으세요. 만족을 보장하고, 불만족 시에는 환불해드립니다."

하루에 56그램의 호두를 섭취하면 혈관이 좀 더 신축성 있어진다는 사실을 알고 있나요? 두 달 정도 섭취하면 벌써 긍정적인 효과가 나타납니다. 약학잡지 『디아베테스 라트게버 *Diabetes Ratgeber*』가 그렇게 보고하고 있습니다. 하지만 조심해야 합니다. 54그램은 충분하지 않은 반면에 60그램은 칼로리가 너무 높아서 건강을 해칠 수 있습니다. 정확해야 합니다.

우리는 수백 개나 되는 라디오 방송국 중에서 어느 하나를 선택하지 못합니다. 프로그램이 우리의 음악 취향에 96퍼센트만 맞거나, 그이하일지도 모릅니다. 우리는 인터넷에서 개인적인 웹 라디오 프로그램을 편성해서, 우리에게 완벽하게 맞는 프로그램을 실행하도록 설정합니다.

매일매일 텔레비전, 신문, 잡지에서 수많은 전문가들이 우리에게 조언을 해주려고 합니다. 양탄자를 옮길 것인지, 집을 팔 것인지, 경매에서 취득할 것인지, 장미를 심을 것인지 꺾을 것인지, 스테이크를 구울 것인지 먹을 것인지, 부채를 갚을 것인지, 결혼 프러포즈를 할 것인지, 아이들을 기를 것인지, 레스토랑을 열 것인지, 이성친구와 잠을 잘 것인지, 팝스타나 모델 또는 개업의가 될 것인지, 벼룩시장에서 잡동사니를 팔 것인지, 이웃과의 분쟁을 조정할 것인지, 우리 집 수족관의 네온테트라(열대어의 일종)에게 먹이를 줄 것인지에 대해서 말입니다. 다른 선택을 하면 마치 돌이킬 수 없는 큰일이 벌어질 것처럼.

남녀의 역할에 대한 이해에서조차 넓은 스펙트럼이 존재합니다. 하지만 이 경우에도 분명한 한 가지 사실은 남자도 여자도 지금까지의 '전형적인' 모습대로 살아서는 안 된다는 점입니다.

몇 년 전부터 유럽에서는 광고에서 '성역할에 대한 고정관념'을 어느 정도까지 금지해야 하는지 토론이 벌어지고 있습니다. 광고에서 차는 남자가 구매해서는 안 되고, 세제는 여자가 구매해서는 안 됩니다. 반대로 광고에서 차는 여자만 구매해야 하고, 세제는 남자만 구매해야 한다고 결론을 내릴지도 모릅니다. 사실 양 극단 사이에는 무수히 다양한 선택이 가능한데도 말입니다. 마치 모든 커플에게 정확히 하나의 올바른 역할 분담이 있다는 듯이.

모든 것을 위한 하나의 두꺼운 카탈로그가 있기 때문에, 이 카탈로그가 모두를 위한 하나의 완벽한 물품을 담고 있기 때문에 오늘날 우나는 집에서 일하고, 그러면서 두 아이 베냐민(5세)과 블란디나(3세)를 돌본다. 남편은 저녁과 주말에 가끔 사무실을 나와 집에 잠깐 들른다. 그는 집에서 일어나는 일상적인 일에 대한 몇 가지 이야기를 듣고, 즉각 최적화 제안을 한다. "큰애가 이발소에 간 동안 당신은 작은애를 데리고 옷가지를 사러 갈 수 있어. 우리가 아쿠아 스톱을 설치하면 집에 아무도 없을 때도 식기세척기를 돌릴 수 있어." 모든 일에서 그는 사무실에서처럼 즉각 개선 방법을 스스로에게 묻는다. 개선 방안을 제안하고 나면 그는 다시 꾸벅꾸벅 존다.

_ 마를레네(39세, 시간제 근무 변호사)

리의 일상은 이러합니다. 즉 욕망을 분석하고, 정보를 모으고, 또 모으며 자꾸 저울질합니다. 사무실에서 그러는 것처럼 우리는 일상에서도 모든 문제를 계속 최적화합니다. 특히 남자들의 경우 집에서 가족과 함께 있을 때 걸핏하면 기업 컨설턴트의 역할에 빠져듭니다.

폭 넓은 선택의 가능성과 그와 연관된 완벽 강박증은 또 다른 후속 강박을 야기했습니다. 더 나은 무언가가 언젠가 나타날 거라 믿고, 더 좋은 일자리, 집, 이성친구, 신발 등이 나타날 때까지 결정을 유보하는 것입니다. 그때까지 기다릴 줄 아는 유연한 마인드가 없는 사람은 자기 삶을 적극적으로 개선할 의지가 없는 사람으로 여겨집니다.

전에는 사람들이 특별히 애를 쓰지 않아도 당연히 모든 인간은 유일무이하다는 전제에서 출발했습니다. 그렇지만 오늘날은 모두들 개성 경쟁에 빠져 있습니다. 그 경쟁에 합류하지 않으면 금방 그렇고 그런 대중의 일원이 되고 맙니다. 요즘 어디서나 통용되는 '창조적으로 생각하라'는 강제도 그것과 같은 맥락입니다. 즉 이 말은 모두가 모든 가능성을 검토하고, 그런 다음 쉽게 떠오르는 일을 결정하지 말고 깜짝 놀랄 만한 일을 결정해야 한다는 뜻입니다. 예를 들면 어떤 작가를 좋아하더라도 작품을 구하기 어렵고, 주문을 통해서나 현대의 고서점에서 찾아볼 수 있는 별로 알려지지 않은 사람이어야 합니다. 누구나 좋아하는 그런 취향을 갖는 것은 우리가 피하려고 하는 평균적인 대중의 일원이 되는 지름길입니다.

우리가 삶의 결정적인 순간을 얻지 못하는 이유
–

완벽 강박증은 종종 오랫동안 아무런 결정을 내리지 못하게 합니다. 온갖 대안을 염두에 두고 있다가 결국 죽도 밥도 안 됩니다. 아직 아무것도 결정되지 않았다면 잘못될 염려 역시 없다고 할 수 있습니다. 그것은 다소나마 사람의 마음을 안심시킵니다. 무언가를 100퍼센트 결정할 수 없고, 온전히 확신할 수 없으며 무언가에 적극적으로 관여할 수 없다면 우리는 차라리 그냥 기다리는 쪽을 택합니다.

연말 파티 즈음에 일어나는 일을 생각해봅시다. 간혹 좀 일찍 10월부터 초대장을 보내는 친구들이 있습니다. 자기 결혼식이 아니고서야 10월부터 12월 31일 저녁 스케줄을 짜는 사람은 아무도 없겠지요. 별다른 계획이 없다면 그러한 초대를 받아들이지 않을 이유는 없습니다. 그럼에도 많은 사람들은 일단 이렇게 대답합니다.

"초대해줘서 고마워. 그날 저녁에 무엇을 할 것인지 물어보는 사람이 여럿 있었어. 그래서 아직 확답을 해줄 수는 없을 것 같아. 다시 연락할게."

우리는 그날이 들이닥칠 때까지 대부분의 초대에 이런 태도를 취합니다. 마지막까지 12월 31일 저녁에 어떤 '끝내주는' 선택을 할 것인지 미정으로 남겨둡니다. 더 마음에 드는 초대가 올 가능성이 있으니까요. 결국 12월 31일 밤 9시에 가서야 확답을 할 수 있게 됩니다.

완벽한 선택을 할 때까지 이처럼 미정으로 남겨두는 태도는 삶의 전 영역에 해당됩니다. 그것은 처음에 얼핏 보아 해가 안 되는 일로 시작합니다. 가령 디지털카메라가 보편화된 요즘, 우리는 사진을 찍고 바로 현장에서 확인할 수 있습니다. 그리고 마음에 들지 않으면 사진을 지우고 상황이 완벽하게 포착될 때까지 다시 찍습니다. 이러한 경우 우리가 어떤 상황을 완벽하게 포착, 아니 창조해내지 못한다면 이러한 상황은 훗날 존재하지도 않은 게 됩니다.

'정상적인', 그러므로 완벽하지 않은 순간을 포착한 스냅사진은 몇 년 전부터 사라지기 시작했습니다. 언젠가 누군가가 우리 시대의 사진을 구경한다면 "모두들 언제나 완벽해 보였다. 그리고 그들은 항상 미소 지었다"고 말할지도 모릅니다. 우리는 삶의 결정적인 순간을 결코 얻지 못합니다. 그 순간을 느끼고 향유하기보다는 그런 순간을 포착하는 데 너무나 얽매여 있기 때문입니다.

우리는 집을 사는 것도, 결혼식도, 아이를 낳는 것도 몇 년 후로 연기합니다. 왜냐하면 그전에는 일하는 데 얽매여 제대로 된 판단이나 결정을 하기 어렵기 때문입니다. 더 좋은 무언가를 기다리느라 시간은 흘러갑니다. 나중에는 그것이 달라질 거라고 희망합니다. 이때 문

> **완벽한 순간을 포착하느라 정작 어떤 느낌이었는지는 잘……**
>
> 주말에 호주의 관광명소인 에어스록(Ayers Rock)으로 소풍을 갔다. 모름지기 호주에 사는 사람이라면 반드시 이 모래 바위를 구경해야 한다고들 말했다. 이곳에 오는 모든 관광객의 꿈은 그 바위를 해가 뜰 때 구경하는 것이다. 그때 보는 것이 가장 장관이라는 것이다. 사람들은 그곳 인근의 텐트에서 잠을 자고 아침 4시나 5시경에 에어스록으로 간다. 나도 그 시각에 그곳에 서서 기다렸다.
>
> 드디어 태양이 수평선에 모습을 드러내자 나는 재빨리 디지털카메라를 꺼내어 연신 셔터를 눌렀다. 바로 찍힌 사진들을 살펴보았다. 만족스럽지 못했다. 일출이 오랫동안 지속되지 않기 때문에 나는 마음이 급해졌다. 기회가 다시는 오지 않을지도 모른다. 사진들을 지우고 마치 기관총을 쏘아대듯이 다시 20~30컷을 재빨리 찍었다. 이번에는 마음에 드는 것이 한 컷 있었다. 그 사이 태양은 완전히 떠올라 하늘에 둥글게 떠 있었다. 나는 완벽한 사진을 한 장 갖게 되었다. 그런데 막상 태양이 에어스록 위로 떠오를 때 실제로 현장에 있는 게 어떤 기분이었는지는 잘 기억나지 않는다.
>
> _ 알렉산더(30세, 경영학 전공 대학생)

제는 '성과 강박'이 이것과 연관된다는 점입니다. 잘해야 하기 때문에, 완벽해야 하기 때문에 결정을 미룹니다. 그리하여 강박들은 서로 다투면서 삶을 도저히 견딜 수 없게 만듭니다.

완벽하게 조화로운 삶은 어디에 있는가
_

일요일 저녁 8시 15분. 왠지 범행 현장에서나 느낄 수 있는 답답한 기분이 시커먼 뇌운雷雲처럼 마음 한구석으로 밀려옵니다. 주말 내내 자유롭게 시간을 보내고 경쾌한 기분이었는데, 주말 막바지가 되자 우울증이 재발합니다. 오랫동안 늦잠 자는 것, 느긋하게 아침식사하는 것, 가족과 함께 시간을 보내는 것도 끝나게 됩니다. 불안한 마음으로 텔레비전 위의 시계를 곁눈질합니다. 시곗바늘이 너무 빨리 갑니다. 월요일이라는 공포가 시시각각 가까이 다가오는 것 같습니다.

"아직은 더 쉬어도 된다고!"

절망해서 한숨짓습니다. 피곤한 데다가 아무런 의욕마저 없어서 갑자기 페페로니 피자를 먹고 싶은 생각이 싹 달아납니다. 다음 날 아침 우리는 지하철 안에서 지난밤 주말의 끝을 잡고 뒤척이다 대체 몇 시에 잠들었는지 알 만한 칙칙한 얼굴들, 표정 없는 군상을 지켜봅니다.

삶이 이와는 좀 다를 것이라고 상상해오지 않았던가요? 가판대에 즐비한 주간지 중 아무것이나 펼쳐보세요. '일과 삶의 균형이 맞지 않는다고 느낄 때' '좋은 삶이란 무엇인가?' '꿈을 잊지 않는 것이 중요합니다' '자신을 위한 시간을 가지세요'…… 활자가 우리 눈앞에서 어지럽게 빙빙 돕니다. 우리는 잡지의 페이지를 넘기며 이 멈출 줄 모르는 쳇바퀴 같은 삶에서 '하차를 단행한' 다섯 사람에 대한 글을 읽기 시작합니다.

우리도 그러한 사람들의 결정에 공감하고 자신도 하차해야 한다고 생각합니다. 스트레스가 많은 일에서 진정한 삶으로 말입니다. 단지 잘 순응하며 살아가기만 하는 장소에서 우리가 스스로 정하고 시간과 공간을 즐길 수 있는 공간으로, 즉 진정한 '마이 라이프'로 하차해야 합니다. 일과 삶, 그것은 사실 상극이고 북극과 남극처럼 서로 아주 멀리 떨어져 있습니다. 설문 조사를 해보면 직장인은 언제나 수많은 다른 소망들보다 '더 많은 자신만의 시간'을 원합니다. 일과 삶, 두 가지 사이의 '균형'을 맞춰야 한다고 다들 말합니다. 우리는 수년 전부터 그렇게 하려고 노력 중입니다. 하지만 '균형'은 삶이라는 범행 현장의 보이지 않는 흔적 같습니다.

말도 안 되는 소리 같지만, 일이 삶에 가치를 부여한다고 믿게 될수록 일이 삶을 가로막는다는 걸 알게 됩니다. 삶이란 일과 하등 관계 없는 것이고, 사무실과 업무시간 바깥에서 벌어지는 것이라고 말입니다. 일이 스트레스를 주고 여가시간도 스트레스를 주기 때문에 몇 년 전부터 우리 귀를 따갑게 한 주문呪文은 이런 것입니다. 한쪽은 다른 쪽을 위한 보상이 되어야 한다! 완벽한 직업 혹은 완벽한 여가생활을 갖는 것만으로는 충분하지 않습니다! 우리는 과연 이 너무나 다른 두 상극의 균형을 제대로 맞출 수 있을까요? 그래서 삶이 조화를 이룰 수 있게 될까요?

그사이 기업은 노동 시장에서 일과 삶의 균형을 쉽게 이룰 만한 것인 양 선전합니다. '일과 삶의 균형'이란 표제어를 단 책 제목이 거의 2000여 개나 됩니다. 이는 일과 삶 사이에서 균형을 이루기 위한 거의 2000개의 상이한 방법이 있다는 뜻이기도 합니다. 수도원에서 생활하기, 시간제로 근무하기, 휴대폰 끄기, 안식년, 부모시간✦, 평생 근로시간 제도, 자기 자신과의 반反 스트레스 계약 등 일과 삶을 서로

✦ 부모시간(Elternzeit) 제도는 종래의 육아휴직이 바뀐 제도로, 자녀를 직접 양육하는 여성과 남성 근로자 들은 자녀가 3세에 도달할 때까지 휴가를 사용할 수 있다.

타협하게 하려는 이런 수많은 가능성들이 우리의 귓전에 맴돕니다. 균형의 기술은 분명 그리 간단하지 않습니다. 사람들은 계속 메모하고 계산하며 비교해야 합니다.

저녁에 한 시간 더 일하는 대신 친구들과 직접 스시를 만들어보기로 한다면 우리는 분명히 알 것입니다. 자신이 어떤 일을 포기하고 그곳에 왔는지, 그래서 자신의 선택이 맞았다는 것을 증명해야 한다는 것을요. 이때의 문제점은 이렇습니다. 즉 우리가 초과근무를 더 할수록 이를 보상하기 위해 더 많은 스시를 만드는 게 필요합니다. 초과근무를 할 때뿐만 아니라 스시를 만들 때도 시간이 금방 달아나버리고, 사적으로만이 아니라 직업상으로도 압력은 더욱 커질 뿐입니다.

전문가들의 조언에 따르면 삶의 모든 단계는 나름대로 균형을 갖고 있다고 합니다. 그들은 우리의 삶을 직업, 가족, 친구, 건강, 내면과 같은 상이한 영역으로 나눕니다. 그리고 많은 책에서 우리에게 다음과 같은 '균형의 제안'을 합니다. 즉 35세까지 직업은 50퍼센트, 친구는 20퍼센트, 다른 영역들이 각기 10퍼센트의 비중이 되어야 합니다. 36세부터는 가족이 40퍼센트를 얻고, 직업이 30퍼센트로 줄어들며, 나머지는 그대로 10퍼센트를 유지합니다. 이러한 비율은 65세가 될 때까지 변합니다. 그때가 되면 우리는 건강에 60퍼센트를 넘겨줘야 하고, 나머지는 그에 따라 비중이 줄어듭니다.

이처럼 우리는 균형을 유지하기 위해 줄자, 스톱워치, 휴대용 계산기를 지니고 생활합니다. 균형을 잃고서는 행복한 사람일 수 없다고 배웠기 때문입니다. 혹자는 일과 삶의 균형이 이루어질 수 없다고 비관적으로 말하기도 합니다. 그렇기에 일과 삶을 분리해야 한다는 것입니다. 일과 여가시간을 공간적, 시간적, 사회적, 정신적으로 분리하자는 것입니다. 이를 위해서는 또 다른 엄격한 규칙이 필요한데, 그것은 물론 우리에게 그럴 만한 시간적 여유가 있다는 전제 아래에서나 가능합니다.

오래전부터 균형 강박이 모든 생활 영역에 스며들었습니다. '균형'이란 말은 근사하게 들리기도 합니다. 자신의 삶을 균형 있게 보내려고 하지 않는 사람이 누가 있겠습니까? 최고의 지위에 있는 사람들은 끊임없이 '균형'이란 개념을 고상하게 만듭니다. 정부나 기관에서 발간하는 문서는 이런 개념들로 가득 차 있습니다. 보건부는 '균형 속의 삶—여성의 정신건강'이란 제목으로 책자를 발간했고, 독일 연방정부의 '빈곤 보고서'는 전적으로 자국민의 생활 속 균형의 부족을 안타까워하고 있습니다. 『프랑크푸르터 알게마이네 차이퉁』은 심지어 그 전체 보고서를 '독일은 이제 균형을 잃었다'라는 제목으로 요약해서 실었습니다.

심지어 균형에 대한 강박은 사회에 부자와 성공한 사람이 충분히 있으면 가난한 자와 실패자가 있어도 그리 나쁠 게 없다고 느끼게 합니다. 마치 모든 문제의 만병통치약처럼 말입니다.

그러는 사이 균형 강박은 논란의 여지 없이 당연히 우리가 모든 것을 균형을 토대로 판단해도 무방하다고 생각하게 합니다.

균형은 오늘날 섹스보다 더 잘 팔립니다. 균형은 새로운 섹스입니다. 눈을 크게 뜨고 잡화점이나 슈퍼마켓을 돌아다녀보세요. 차茶, 알약, 입욕제, 얼굴 크림, 뮤즐리 바, 섬유 유연제, 보디로션, 동물 사료,

목욕용 해면, 요리책―이 모든 것의 상세한 설명서에 '균형' 혹은 밸런스란 말이 들어 있습니다.

직장과 여가시간에서조차 균형을 만들어내는 사회가 우리에게 끊임없이 '파이팅'을 외쳐댑니다. 어쨌든 비율이 맞아야만 우리는 행복해질 수 있다는 겁니다.

☐ 두뇌 활동과 신체 활동
☐ 컴퓨터 모니터 앞에서 하는 일과 그렇지 않은 일
☐ 자신을 위한 시간과 다른 사람들을 위한 시간
☐ 노력한 일과 그에 상응하는 보상
☐ 사장, 동료, 친구, 가족과의 시간
☐ 근무시간과 취미 활동 시간
☐ 부동산, 주식, 정기예금
☐ 단백질, 지방, 탄수화물
☐ 패스트푸드와 슬로푸드 섭취
☐ 교양 프로그램과 쇼 프로그램 시청
☐ 수면시간과 활동시간
☐ 상체의 근육량과 하체의 근육량
☐ 섹스를 하는 것과 하지 않는 것
☐ 술에 취한 상태와 말짱한 상태

이 모든 것 사이의 균형을 재고 계산하고 비교합니다. 사무실에서의 성공 강박과 여가시간에서의 완벽 강박 말고도 그 두 가지를 삶에서 균형 있게 유지해야 한다는 '최적 강박'이 끼어드는 것입니다. 보다시피 삶의 모든 영역에서 상이한 요소들의 관계에 대해서도 이것은 마찬가지로 적용됩니다. 우리는 직업과 여가시간에서 100퍼센트 이상을 달성해야 하고, 그 외에도 모든 사항에 대해 균형을 맞추는 것도 100퍼센트 이상 달성해야 합니다. 합해서 우리는 매일 300퍼센트 이상의 성과를 내야 합니다.

균형은 일과 삶 말고도 우리의 제3의 문제가 되었습니다.

당신이 원하는 게 아니라면 어떤 삶도 의미가 없다

그렇습니다, 하마터면 우리는 깜박 잊을 뻔했습니다. 나 자신이 된다는 것, 내 모습대로 산다는 것에 대해서요. 한번 생각해보세요. 다른 어떤 바쁜 일로 머릿속이 복잡할지라도—많은 성과를 내고, 열심히 하고, 즐거움, 의미, 열정을 보이고, 일과 삶 사이에 균형을 맞추는 것—가장 중요한 것은 언제 어디서나 나 자신의 모습을 유지해야 한다는 것. 그러지 않으면 그토록 착실히 노력해 쌓은 것들을 사회가 금방 다시 깎아내릴 테니까요. 이 책에서 각자가 진정 소망하는, 각자가 진정으로 원하는 삶에 이르는 길을 가도록 도와주려 합니다. 그러기 위해서는 먼저 자아실현 강박에서 벗어나야 합니다.

자아실현이란 의심의 여지 없이 바람직한 것입니다. 이때의 문제는 그것이 마치 민주주의의 선거와 같다는 점입니다. 민주주의에서 사람들은 자신에게 가장 좋은 것을 직접 결정하지 못합니다. 투표를 통해 뽑은 국회의원이 그것을 결정합니다. 무엇이 좋은지를 국회의원이 대중 자신보다 더 잘 알기 때문이지요. 자아실현의 문제도 이와 마찬가지입니다. 내가 무엇을 원하고, 어떤 것을 필요로 하는지, 언제 그것을 실현해야 할지 누가 더 잘 알까요? 다른 사람들이 결정하게 두어도 되는 걸까요?

일이 미치도록 좋았어요. 근데 남들은 내가 불쌍하대요

나는 예술사와 경영학을 전공했고, 남들보다 빨리 출세했다. 직원이 12명인 갤러리에서 4년 만에 2인자의 지위에 올랐다. 이것을 위해 나는 힘껏 노력했다. 밤 9시나 10시까지 이곳에 남아 있는 날의 연속이었다. 그런 후에도 가끔은 집에 가서 무슨 생각이 떠오르면 동료들에게 이메일을 보내 다음 날 아침 그것을 잊지 않도록 주지시켰다. 이런 상황이니 개인 시간을 갖는 건 불가능했다. 하지만 나는 일이 재미있었고 스트레스도 느끼지 않았다. 특별히 삶에 무엇이 부족하다는 느낌도 없다. 하지만 언젠가부터 동료들이 내 흉을 본다는 소리를 여러 번 들었다. 내가 불쌍하기 짝이 없는 인간이고, 일에 미쳐 완전히 외톨이라는 것이다. 사람들은 왜 내가 삶을 의미 있게 만들지 못하는지 의아해했다.

_ 멜라니(36세, 대형 갤러리 실장)

내가 만족한다는데도 사람들은 자꾸 딴죽을 걸어요

나는 심리치료사 자격증을 가지고 있지만, 두 아들을 돌보기 위해 몇 년 전에 일을 포기했다. 루프레흐트는 지금 일곱 살이고, 루카스는 세 살이다. 이혼한 나는 전남편에게서 생활비를 받는다. 그 외에 일주일에 한 번 건강식품점에서 일한다. 아주 풍족하지는 않지만 그래도 우리 셋이 살기에는 충분하다. 이런 내 삶에 무척 만족하고, 내가 가진 것 중 가족이 가장 소중하다. 그럼에도 이 건물 사람들이 나더러 뭐라고 말하는지 알고 있다. "부지런하고 꽤 똑똑한 것 같은데, 왜 저렇게 빈둥거리면서 산대? 애들을 생각하면 어서 제대로 된 직장을 잡아야지, 쯧쯧."

_ 코르넬리아(36세, 두 아들의 어머니)

진로를 고민할 때 사회는 성, 나이, 교육, 출신, 가족, 외모와 같은 형식적 기준으로 우리에게 좋은 것을 정해줍니다. 많은 사람들이 이러한 기준에 따라 결정하고, 새로운 정체성을 얻습니다. 물론 그것은 개인의 정체성이 아니라 집단의 정체성입니다. 어떤 직업군, 어떤 조직, 집단에 속하게 되는가의 문제지요. 사회는 이 집단 안에서 또 어떻게 최고의 위치에 올라가는지 지속적으로 암시하고 알려줍니다.

예컨대 당신이 30대 초반의 싱글맘이고 변호사 시험에 좋은 성적으로 합격했다면, 사회가 당신에게 제시할 만한 길을 말해볼까요? 대형 변호사 사무실에서 좋은 직책을 맡고, 제법 영리하고 단정한 느낌의 세무사나 잘되는 와인점을 운영하는 부모를 둔 수석 의사와 같은 남자를 이성친구나 남편으로 추천할 겁니다. 이런 이야기를 많이 들어본 적이 있지 않나요?

우리가 어떤 것을 궁금해하는지, 어떤 문제에 관심이 있는지, 그리고 어떤 견해를 갖고 있는지가 단지 우리가 속해 있는 집단의 정체성에 의해 결정된다는 것이 이상하지 않은가요? 이렇게 생각해봅시다. 당신이 대안적인 삶을 사는 젊은 예술가지만 그럼에도 원자력의 미래를 지지한다면 주변 사람들은 당신을 그냥 비웃을 겁니다. 당신의 생각과 삶이 일치하지 않기 때문입니다. 사회가 집단 정체성에 따라 사람을 평가하는 경향이 너무나 강하기 때문에 우리는 종종 실제로도 자신이 속한 집단의 전형적인 구성원이 어떤 태도를 취할 것인가에 맞춰 결정을 내리기도 합니다.

이에 대한 흥미로운 실험이 있습니다. 마르틴이 어느 가톨릭 교구의 구성원이라고 가정해봅시다. 누군가 마르틴에게 다른 구성원인 엘비라가 병으로 누워 있으니 몇 가지 필요한 물건을 사다줄 수 있는지 물어본다면 그는 아마 십중팔구 "네"라고 대답할 겁니다. 그러나 만약 엘비라가 건강하지는 않지만 부유하기 때문에 시간당 20유로도 줄 수 있다고 마르틴에게 말한다면 그는 화를 내며 거부할 가능성이 매우 높습니다.

무엇 때문일까요? 남을 돕는다는 것은 나무랄 데 없이 훌륭한 일입니다. 마르틴이 장을 봐준 대가로 시간당 20유로를 받는다고 해서 그 일이 엘비라에게 가치 없는 것은 아닐 겁니다. 게다가 일을 하고 돈을 받는다는 것은 그 자체로 비난받을 일도 아니지요. 마르틴도 돈이 필요할지 모릅니다. '돈을 받고 도와주는' 것이 마르틴과 엘비라 두 사람에게는 가장 최선의 선택일지도 모릅니다. 그럼에도 마르틴은 모두에게 최적처럼 보이는 그러한 해결책을 제시받으면 언짢아합니다.

왜냐하면 마르틴은 그러한 상황에서 '내게 무엇이 최상인가?'나 '엘비라에게 무엇이 최상인가?'를 깊이 생각하기보다는 '내가 속한 집단, 즉 교구의 이상적인 구성원은 이런 상황에서 어떻게 행동할까?'를 스스로에게 물을 것이기 때문입니다. 마르틴은 가톨릭 교구의 존경할 만한 구성원이라면 오로지 무보수로 도움을 제공한다는 인식에서 출발합니다.

삶을 사는 문제도 이와 마찬가지입니다. 유의해서 살펴보면 당신은 살아가면서 그룹의 정체성에 맞추어 매우 중요한 결정을 내린다는 것을 종종 깨닫게 될 겁니다. 중요한 것은 내가 속한 집단의 삶이 아니라 오로지 나의 삶을 실현해야 한다는 사실입니다.

앞에서 펼쳐 보인 이 어리석은 서커스 같은 현실이 마음에 드셨는지요? 절로 인상을 쓰게 되던가요? 덕분에 내 삶과 주변 세계를 다시 돌아보게 되었나요? 내 모든 시간과 에너지를 빼앗아가고 자꾸 무언가를 기대하고 바라는 실체의 윤곽을 깨달았나요? 더 이상 이 어리석은 서커스에 동참하고 싶지 않다면, 궁극적으로 '나의 삶', 내 모습 그대로 사는 행복을 꾸려가고 싶다면?

그렇다면 책을 계속 읽어나가십시오.

2부

나를 찾아가는 회복의 워크숍

6장

잠재의식을 넘어 조금 더 가라

이제까지의 이야기는 누군가를 단순히 비난하고 매도하려는 게 아닙니다.
다른 사람에게 좋은 게 무엇인지 누가 감히 안다고 할 수 있겠습니까?
그것은 자기계발서나 매뉴얼의 전형적인 함정입니다.
독일어에는 '충고란 내려치는 것이기도 하다' 라는 말이 있는데,
이유 없이 그냥 나온 말이 아닙니다. 대체로 조언이 아무리 고상한 의도를 지녔다 하더라도
의도와 달리 악영향을 끼치는 것을 종종 볼 수 있습니다.
자극을 주고 지적을 하는 것이 강하게 동기 부여를 해주긴 하지만,
때론 미묘한 차이 하나로 상처가 되기도 하는 것이죠.
호의를 품고 한 일이 도리어 커다란 손해를 끼칠 수 있습니다.
진부하지만 동시에 과소평가할 수 없는
이러한 깨달음이 일상에서 간과되는 경우는 매우 많습니다.
이렇듯 조언을 하는 것이 상대에게 아무런 도움이 되지 않는 경우는
그가 우리와 다른 사람이고, 서로 성향이 다르기 때문입니다.
심리학에서 말하는 '투사(投射)'를 했기 때문이죠.
즉 우리는 자신의 생각, 생활방식, 해결책을 다른 사람들에게 활발하게 투사합니다.
단지 자신을 올바로 이해하기 위해서 말입니다.
이러한 태도 자체를 비난하려는 것은 아닙니다.
우리가 무언가 좋은 일을 하려는 마음만 앞서서
궁극적으로 도움이 되지 않는 일을 하고 있다는 이야기입니다.
우리는 한 단계 한 단계 밟아가며 독자 스스로 생각을 만들어갈 수 있게 하려 합니다.
그러니 여러분도 앞으로의 이야기를 자극이자 제안으로 보고 언제나 비판적으로
검토해보길 바랍니다. 그런 다음 자신에게 맞는 것을 자유롭게 결정하세요.
이 책의 저자인 우리가 코칭의 전문가이듯, 나는 내 삶을 위한 전문가입니다.
이 책에서 우리는 당신을 따라다니며 자아를 탐구하고 인식하는 과정에 함께할 것입니다.
당신은 이제부터 당신의 주관적인 생활공간,
'행복'의 건설 담당자입니다. 그럼 동참하시겠습니까?

잠재의식을 넘어
조금 더 가라

강력한 복병, 잠재의식을 만나다
—

지금까지 성과, 스트레스, 의미 부여, 완벽, 균형과 자아실현 같은 모든 분야에서의 강박에 대해 상세히 살펴보았습니다. 그리하여 행복을 방해하는 이 강박이라는 것이 은밀하지만 전면적으로 직업 카테고리에서 개인적 삶의 영역인 여가 카테고리로 빠른 속도로 침투하고 있음을 증명했습니다. 그들은 외부로부터 그런 부담을 받고 있고 앞장에서 분석한 결과에서도 드러났듯이 우리는 두 영역에서 각기 100퍼센트 이상을 이루어내도록 강요받고 있으므로, 결론적으로 다음과 같이 표현할 수 있습니다.

$$100퍼센트(일)$$
$$+ \ 100퍼센트(삶)$$
$$= 200퍼센트$$

　다행히도 다시 조정해주는 균형이 있습니다. 그런데 현실은 어떤 가요? 우리는 현실을 직시하지 않을 수 없습니다. 그 결과는 설상가 상입니다.

$$100퍼센트(일)$$
$$+ \ 100퍼센트(삶)$$
$$+ \ 100퍼센트(균형)$$
$$= 300퍼센트$$

　순식간에 일이 더 커졌습니다. 그리하여 서로를 제약하고 충돌하며 내외적 갈등은 첨예화됩니다. 하지만 언제나 나쁜 점이 있으면 좋은 점도 있듯이 이러한 딜레마의 유익함과 장점도 공유하려고 합니다.

　잘못인 줄 알면서도 강박과 갈등을 고집한다면 어떻게 될까요? 우리의 오감과 예감이 예외적으로 일치해서 "그것이 우리에게 이롭지 않다"고 말할지라도, 우리는 강박과 갈등을 고집함으로써 안전을 경험하게 됩니다.

　앞에서 확인했듯이 우리의 현 상황은 다년간의 '강제적인' 발전의 결과입니다. 온갖 강박이 삶을 지나치게 변형시켰고, 우리의 뇌리에 깊은 인상을 새겨 넣었습니다. 이것이 내적 갈등과 외적 갈등을 불러

일으켰습니다. '300퍼센트 이상을 달성하는 삶을 살아내라!'라는 표제어로 말입니다. 우리는 외부의 요구를 무시하거나 오늘날 '사람들이' 행동하는 방식을 독자적으로 바꾸지 못합니다. 수많은 역사 속에서 피와 땀으로 바꾼 일인데도 말이지요. 그처럼 한편으로 성가시고 고통스러운 것이 다른 한편으로 우리에게 '통제 망상'을 선사하는 삶의 멋진 뼈대인 것입니다. 통제 망상이란 상황 등 외부 세계를 통제하고자 하는 욕구를 말합니다. 이러한 통제 망상은 이미 언급한 행복하게 만드는 자기효과 경험과 매우 유사합니다.

사실 우리 깊은 내면에서는 이미 이런 사실을 알고 있습니다. 우리는 우리가 작은 바람에도 흔들리는 '촛불' 같은 미약한 존재임을 인정해야 합니다. 내일이나 모레에 무슨 일이 일어날지, 5년이나 50년 후에 우리 삶이 어떤 모습일지 누가 알 수 있나요? 그럼에도 모든 것을 손아귀에 쥐고 있는 것처럼 행동한다면 우리는 스스로를 속이고 있는 겁니다. 내일 로또에 당첨될지 병에 걸릴지 알 수 없고, 아무리 바랄지라도 마음대로 통제할 수 없으니까요. 우리는 로또놀이를 하거나 몸을 낮게 할 수 있으며, 그로써 특정한 생활 상태에 진입할 확률을 높이거나 줄일 수 있습니다. 하지만 결국 지배하고 관리하며 조정하는 일은 보다 높은 힘인 운명, 우연과 같은 것에 맡겨져 있습니다.

지금부터 인간 심리 내면에 나타날 수 있는 특정한 경향에 대해 설명함으로써 당신의 행복 감수성을 높이고자 합니다. 왜냐하면 우리 마음속에는 '잠재의식' 이라는 강력한 복병이 있기 때문입니다. 강박이나 갈등이란 주제에 의식적이고 능동적으로 관계하면 잠재의식은 일그러지곤 합니다. 간신히 얻은 평정 상태를 잃어버릴까봐 불안해서입니다. 삶의 모든 것이 예측하기 어렵고 통제 불가능하긴 하지만 그래도 커다란 상수常數, 즉 강박과 내적 갈등 및 외적 갈등이라는 모든 것을 유지하는 삶의 뼈대가 있습니다. 언제든 어디든 어떻든 누구든 마찬가지입니다. 엄밀히 말해 우리는 이러한 강박과 갈등 덕에 매우 정확히 알게 됩니다. 무엇이 옳고 그른지, 무엇을 해야 하고 하지 말아야 하는지, 누가 언제 무엇을 했는지, 어떤 문제가 확실한지, 결코 하려 하지 않는 일이 무엇인지, 무엇이 언제까지나 그대로 있을지 등등을.

최악의 시나리오를 쓰면 잠재의식도 속는다
—

추측건대 우리가 창조적이고 건설적으로 삶의 해결책을 마련하려 한다는 것을 알자마자 잠재의식은 방어 태세로 저항을 시작할 것입니다. 예컨대 이 책을 읽는 동안 가끔 '나한테 이런 방법이 통할까?' '내 경우는 묘사된 것과 완전히 다르지 않은가?' '나의 경우는 그렇게 나쁘지 않아' 나 '아, 너무 지루해. 그냥 시간만 낭비할 뿐이야. 딴 데 시간을 투자하는 게 더 낫겠어'와 같은 생각을 하지는 않았나요? 그렇다면 그것이 잠재의식의 방어와 저항을 나타내는 지표라 할 수 있습니다.

그러한 반응은 전적으로 정상적입니다. 안정 구조를 잃을까봐 불안해서 잠재의식이 하는 일입니다. 마음속에서 그러한 움직임이 나타나는 것을 느낀다면 이 챕터를 되새겨보고, 그 저항을 넘어 조금 더 가길 바랍니다.

저항이 있는 곳에 길이 있습니다. 저항이란 한편으로 안정을 암시하고, 이와 동시에 망상을 품게 하는 호의적인 보호 메커니즘입니다. 그럴 경우 우리가 안전한 상태에 진입해 있다고 미리 생각해서 곤경에 빠질 위험을 무릅쓰기 때문에 우리에게 심한 손해를 끼칠 수 있습니다. 그러므로 상황이 더 나빠지지 않도록 복병에 맞서 '싸우는' 것입니다.

강박이나 갈등과 대결하고, 당신의 잠재의식을 문제삼고, 그런 다음 덧붙여 '항상 당신 자신의 저항을 넘어 조금 더' 가라고 하는 거창한 심리학적 충고는 누구나 할 수 있습니다. 하지만 무슨 일이든 말하기는 쉬워도 행하기는 어려운 법입니다. 그 때문에 심도 있는 안내자가 필요합니다. 우리는 독자들을 변화로 이끌기 위해 두 가지 훈련을 제안합니다.

□ 메모지를 준비하고, 긴장을 풀고 편히 앉으세요.
□ 눈을 감고 곰곰이 생각해보세요.

나는 누굽니까? 나는 무슨 일을 합니까? 나는 어디에 서 있습니까? 누가 또는 무엇이 실제적으로 역할을 수행합니까? 마음속으로 부담스럽고 문제가 많은 모든 생활 영역, 즉 사적인 영역과 직업적인 영역을 두루 돌아다니십시오. 이 순간 나에게 적절한 것을 모두 스캔하듯 돌아보세요. 그리고 자신에게 다음 사실을 물어보십시오. 삶에서, 현 상황에서 아무것도 변하지 않으면 나는 앞으로 어떻게 될지, 일어날 수 있는 최악의 상황은 무엇일지.

☐이 질문에 글로 대답하고, 미래의 모습에 대한 몇 가지 메모를 하십시오. 내가 개입하지 않고, 모든 어려운 일이 그냥 그대로 계속된다는 전제하에.

☐이 모든 것을 글로 적었다면 메모지를 다시 한 번 들여다보십시오. 이 정도까지를 내가 바라는지 스스로에게 물어보세요. 이 질문에 100퍼센트 긍정할 수 있다면 이 책을 당장 책꽂이에 도로 꽂아놓아도 됩니다. 아니면 남에게 주세요. 당신이 이 질문에 약간이라도 머뭇거리는 걸 느낀다면 즉시 다음 질문으로 넘어가세요.

☐그러면 내가 나와 나 자신과 상황에 집중하고 개선할 의지가 있는가? 그것이 언제나 무조건 간단한 것은 아닐지라도?

'대가 비교'를 생각해보십시오. 계속 달려나가 모든 것을 벽에 부딪히게 하는 것과 지속적인 성공을 기대하고 목표한 과정을 지겹게 되풀이하는 것 중 어느 것이 대가가 더 클까요? 위에서 언급한 최악의 시나리오 쓰기는 잠재의식에 깃든 달갑지 않은 재앙의 예언을 의도적이고 의식적으로 물리치기 위한 좋은 수단입니다.

이 책을 계속 읽는 동안 마음속에 거부감이 싹튼다면 최악의 경우를 상정하십시오. 애써 노력한 보람이 있다고 잠재의식에 약속하십시오. 하지만 그 잠재의식이 우리의 잠재의식이 아닐 수도 있고, 그것이 잠재의식 자체가 아닐지도 모릅니다. 그래서 이제 두번째 단계가 뒤따릅니다. 이제 잠재의식을 의도적으로 프로그래밍하는 것이 필요합니다. 잠재의식은 특히 확언에 넘어가기 쉽습니다.

확언이란 힘을 주어 말하는 것의 특별한 형태입니다. 이러한 방법은 벌써 수천 년 전부터 모든 문화에서 기도, 만트라⁺, 긍정적 사고, 내적인 태도와 같은 각기 상이한 명칭으로 적용되어왔습니다. 이때 중요한 것은 목표한 미래 혹은 상태를 마음속에 그리며 간결하고 직설적으로 표현하는 것입니다. 이와 동시에 이러한 바람직한 미래의 상태를 현재로 옮깁니다.

☐ 나는 나와 세계를 분명하게 이해하고 있다.
☐ 나는 내 삶을 마음껏 즐기고 있다.
☐ 나는 행복하다.

위의 항목은 몇 가지 예에 불과합니다. 스스로 자신에게 적절한 표현을 찾아내는 것이 중요합니다. 몇 가지 가능성을 타진해서 시험하고 자신에게 필요한 것을 적용해볼 수 있습니다. 일정 기간 동안 해본 후에 자신에게 맞는 것을 결정하고 그런 방식의 확언을 견지해나갈 필요가 있습니다. 확언은 되도록 반복하는 것이 좋은데, 막 잠이 드는 몽롱한 상태에서 하는 것이 가장 좋습니다. 이때가 우리의 잠재의식이 무엇이든 가장 잘 받아들이는 시간이기 때문입니다.

그러면 한번 테스트를 해보기로 합시다.

긴장을 풀고 편히 앉거나 누우십시오. 두 눈을 감고 몸에 주의를 집중하십시오. 몸 곳곳을 하나하나 느껴보십시오. 지금 당신의 몸 상태가 어

⁺ 만트라(Mantra)는 진언(眞言)이라는 뜻으로, 힌두교와 불교에서 신비하고 영적인 능력을 가진다고 생각하는 신성한 말이다.

떠한지만 느끼십시오. 약 3분 후에 다시 천천히 되돌아와서, 몸을 깨우고 눈을 뜨십시오.

그런데 당신은 어떤 상태가 되었습니까? 무엇을 느꼈고, 무슨 생각을 했습니까?

대부분 집중하기가 쉽지 않았을 것입니다. 대체로 몇 초만 지나면 불안감이 엄습합니다. 예를 들면 '대체 언제 3분이 지나가지?' '이따가 먹을 게 뭐가 있지?' '내일 필요한 자료를 어디다 두었지?' '다음 주말 계획은 뭐였지?' 와 같은 질문이 계속 떠오릅니다. 우리의 생각은 이 보잘것없는 순간을 위해 있어야 하는 곳, 말하자면 이 순간 자체에만 머물러 있지 못하고 여기저기를 떠다닙니다.

우리는 잘못된 일이 우리에게 부담을 주는 과거 속에 살거나, 또는 잘못될 일이 우리에게 부담을 줄 미래 속에서 삽니다. 우리가 정말로 가진 것은 오로지 현재뿐인데도 결코 현재 속에서 살지 않습니다. 과거는 지나갔습니다. 미래는 아직 오지 않았습니다. 그러니 지금을 사십시오.

이것이 지금 일과 삶의 분리와 무슨 관계가 있다는 말일까요? 답은 아주 간단합니다. 사람들은 일을 할 때 마음이 이미 휴식 쪽에 가 있습니다. 그것이 마음을 온전히 일에 집중하지 못하도록 분리합니다. 몸은 일하지만 정신은 빈둥거리며 돌아다닙니다. 이럴 때면 오늘 왠지 컨디션이 좋지 않다고 느낍니다. 그러다가 마침내 여가시간을 갖게 되면 마음속으로는 벌써 다시 출근할 생각을 합니다. 그러면 일이 마치 다모클레스의 칼*처럼 여가시간 위를 떠돕니다. 일이 마음을 온전히 휴식에 들어가지 못하게 합니다. 이때도 역시 컨디션이 좋지 않다고 느낍니다. 어디에 있든, 무슨 일을 하든 결코 그곳에 온전히 집중하며 머무르지 않습니다. 자신을 결코 온전히 놓아두지 않습니다. 이러한 괴리는 극히 건강하지 못합니다. 현재 하는 일과의 일체감 부족이 불행하게 합니다. 왜냐하면 그때그때 삶의 순간에 자신이 생각하는 것을 결코 갖지 못하기 때문입니다.

이런 일련의 작용 때문에 피상적으로 일과 삶이 재결합하게 됩니다. 그것으로 앞에서 말한 사고의 문제가 해결될 수도 있으니 그래도 환영할 만한 경향입니다. 하지만 유감스럽게도 상호 면제와 결실로서의 재결합이 아니기 때문에 도움이 되는 방향은 전혀 아닙니다. 오히려 각 영역은 그사이 자신을 위해 변화되어 있습니다. 다음 사실을 떠올려보십시오.

$$
\begin{array}{r}
100퍼센트(일) \\
+ \ 100퍼센트(삶) \\
+ \ 100퍼센트(균형) \\
\hline
= \ 300퍼센트
\end{array}
$$

우리 중 아무도 이러한 300퍼센트의 압박을 달가워하지 않습니다.

✛ 기원전 4세기 시칠리아 시라쿠사의 참주(僭主) 디오니시우스 1세의 신하 다모클레스(Damocles)가 참주의 행복을 부러워하자 디오니시우스 1세는 호화로운 연회에 그를 초대해 한 올의 말총에 매달린 칼 아래에 앉게 했다. 참주의 권좌가 언제 떨어져내릴지 모르는 칼 밑에 있는 것처럼 항상 위기와 불안 속에 유지되고 있음을 보여주기 위해서였다.

반면에 다른 사람들은 그것으로 부지런히 이득을 취합니다. 예컨대 보습기관이나 사설 교육기관과 같은 사업으로 호황을 누리는 교육 제공자들, 온갖 계기와 계획을 위해 안내 서적이나 코치를 갖춰 번성하는 생계 지원 산업이 그것입니다. 특히 강박으로 먹고살아가는 이 모든 생활양식 분야를 위해 우리는 직업 교육, 대학 공부, 직업에서 최선을 다합니다.

이러한 완벽 강박으로부터 누가 어떤 형태로 이득을 취하는지 좀 더 자세히 알고 싶다면 클라우스 베를레Klaus Werle의 저서 『완벽주의자Die Perfektionierer』가 특히 큰 도움이 될 것입니다. 우리는 이제 우리 자신에게 집중하기로 합시다.

7장

갈등은 우리의 일용할 양식이다

'지금 이것이 옳은가 또는 그른가?'

'내가 이 일을 하면 저 일은 더 이상 할 수 없는가?'

'그 일을 이렇게 해야지 저렇게 해서는 안 됩니다.'

이것은 우리에게 영향을 미치는 강박의 배후에서 통용되는 사고이자 말입니다.

사람들을 갈등과 고뇌에 빠지게 하는 것이지요.

그렇지만 우리는 이렇게 주장합니다.

갈등은 우리에게 안전만을 가져다주지 않습니다.

심지어 한 걸음 더 나아가 말하자면

갈등은 우리에게 일어날 수 있는 최상의 것입니다.

이것을 곧 증명해 보이겠습니다.

모든 학문에서 그렇듯이 물론 '갈등'에 대해서도 수많은 정의가 있습니다.

갈등은 하나의 체계에 상이한 목표가 존재하는 상태입니다.

이때 하나의 목표를 달성하는 것은 동시에

다른 목표를 달성하지 못하게 하는 것이기도 합니다.

A →←B

체계

그동안 우리를 불안하게 하는 것, 절망하게 하는 것,

마음을 아프게 하는 것을 이처럼 간단히 표현하니 한결 정리가 되는 것 같습니다.

여기서 상세하게 살펴보기로 합시다.

가족, 회사, 친구 혹은 애인, 아이의 유치원과 같은 모든 것이 하나의 체계가 될 수 있습니다.

다음의 예를 보세요.

□ 외적 갈등

위르겐은 저녁에 거실에서 시끄럽게 텔레비전을 보고 싶어 하고,
아리아네는 거기서 조용히 책을 읽고 싶어 합니다.
거실이라는 하나의 공간 체계가 있고,
동시에 실행에 옮겨질 수 없는 상이한 목표가 존재합니다.
시끄럽게 텔레비전을 보는 일과 조용히 책을 읽는 일.
특정 상황에서나 특정 주제에 대해 '분열감'이 생기거나
마음속에 여러 명의 내가 있는 것처럼 여러 갈래의 생각이 든다면
자신을 위해 한 가지를 선택하고 조율해야 합니다.

□ 내적 갈등

다이어트하기로 마음먹은 당신.
마음 한구석에서는 초콜릿을 먹고 싶어 하는 내가 있고,
다른 쪽에는 살을 빼기로 한 것을 절대 잊지 말라고
경고하는 내가 있습니다.
당신 마음속의 상이한 영혼이 체계이고,
목표는 동시에 실행에 옮겨질 수 없는 '초콜릿을 먹는 일'과 '살을 빼는 일'입니다.

갈등은 우리의
일용할 양식이다

우리를 밀고 끌어주는 갈등에너지

—

그럼 문제의 본질이 어디에 있는 것일까요? 무엇이 이 모든 것을 그
토록 나쁘게 만들까요? 대체로 목표가 서로 밀고 끌어당기며, 갈등 상
태가 지속되더라도 갈등 자체는 전혀 해롭지 않습니다. 단지 역동적인
긴장 상태만이 문제지, 그 이상도 그 이하도 아닙니다.

갈등을 겁내는 이유는 우리의 의식이 일상적으로 '갈등'을 '다툼'
과 같게 보기 때문입니다. 물론 다툼은 갈등이 심화된 형태이므로, 언
어적으로 매우 부정적인 의미를 지닙니다. 유명한 갈등 연구가 프리
드리히 글라슬Friedrich Glasl은 갈등 심화의 아홉 단계를 구별합니다.
그것은 '경화硬化'에서부터 '나락으로의 공동 추락'에까지 이릅니다.

우리는 처음부터 갈등 그 자체를 중립적이라고 여길 필요가 있습

니다. 뿐만 아니라 갈등은 중립적인 성격을 넘어서 심지어 아주 긍정적일 수도 있습니다. 긴장과 역동성은 움직임, 변화, 발전에 영향을 끼치기 때문입니다. 그것은 진화와 혁명의 원동력입니다. 우리는 내적 갈등과 외적 갈등이 항상 협력한다는 것을 경험으로 알고 있습니다. 내적 갈등은 모호한 태도에 영향을 끼치고 다른 사람과의 충돌, 즉 외부 충돌을 의식하게 됩니다. 외적 갈등은 우리의 마음속을 갈가리 찢어놓는 것을 좋아합니다. 이때 우리는 결정을 내리지 못하고, 여러 개의 의자에 동시에 앉아 있는 듯합니다.

내면과 외면이 결코 완전히 분리될 수 없지만 이 책에서는 주로 내적인 갈등에 대해 다룹니다. 그간의 코칭 활동을 통해서 얻은 결론은 이렇습니다. 우리는 자신과 화해함으로써 외적 갈등도 해결할 수 있다는 겁니다. 이 과정에서 대체로 외적 갈등이 심화되기는커녕 아예 발생하는 일도 줄어듭니다. 이제부터는 갈등을 어떻게 해결해야 하는지 파헤쳐보도록 하겠습니다.

그러면 구체적으로 설명하기 위해 앞에서 언급한 거실에서 벌어진 외적 갈등의 예를 분석해봅시다. 보통 그러한 상황에서는 자신의 입장, 목표를 위해 각기 좋은 논거를 모읍니다. "당신은 이리저리 돌아다니면서 텔레비전을 시끄럽게 켜놓고 있잖아." "거실은 나도 똑같이 쓸 권리가 있어." 또는 "하지만 내가 오늘 자동차 경주를 봐도 된다고 몇 주 전부터 당신이 약속했잖아." 이것이 두 사람 간에 오갈 만한 격렬한 언쟁의 예입니다. 결국 한쪽이 이기고 다른 쪽이 지게 됩니다. 저녁은 엉망이 되고 둘 사이에 냉랭한 기운이 흐릅니다. 일반적으로 사람들은 이런 식으로 일상적인 갈등을 해결하곤 합니다.

하지만 갈등이 어떻게 발전을 위한 자극이 될 수 있을까요? 갈등의 네 가지 국면을 살펴보기로 합시다.

1. 입장 – 목표 상상에서 유래한다.
2. 욕구 – 배후에 있는 것.
3. 동기 부여 – 시간적 혹은 상황적 맥락이 있다.
4. 가치 – 인격과 결부된 가치관과 밀접하게 관계한다.

거실 갈등을 이러한 네 가지 영역으로 구분하면 깜짝 놀랄 만한 사실이 드러납니다.

	위르겐	아리아네
입장	텔레비전을 볼 거야.	독서를 하고 싶어.
욕구	긴장 완화	휴식
동기 부여	오늘 하루 힘들었다고!	나도 벅찬 일주일을 앞두고 있어.
가치	집에서 나는 왕이야.	가족 모두 행복한 방향을 찾아야지.

자, 무슨 생각이 듭니까? 입장이라는 구체적 영역을 떠나서 배경을 규명하자마자 많은 교집합이 생깁니다. 많은 경우 더 깊이 자리한 영역들은 심지어 서로 일치하기도 합니다. 빙산을 상상해보십시오. 갈등을 겪고 있다면 사람들은 대체로 입장의 영역, 즉 빙산의 꼭대기에서 다툽니다. 우리의 논거는 표면에서만 맴돌기 때문에 결코 해결책을 얻지 못합니다.

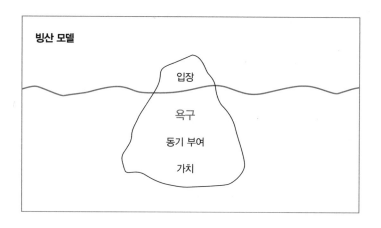

빙산 모델

입장

욕구

동기 부여

가치

　그것 말고도 빙산 모델은 갈등을 중재하거나 조정하는 데도 적용됩니다. 갈등 당사자는 각기 다른 사람의 배후 관계를 알게 되어 처음에 생각했던 것 이상으로 많은 공통점이 있다는 사실을 깨닫게 됩니다. 이 중재와 조정의 원칙은 앞으로 우리가 함께 노력해야 할 문제의 토대를 형성합니다. 왜냐하면 우리도 내적 갈등과 외적 갈등을 최대로 이용하려고 하기 때문입니다.

　거실에서 벌어진 갈등으로 되돌아가봅시다. 아리아네와 위르겐은 자신들이 원칙적으로 하나의 목표만 추구하므로, 같은 배에 타고 있다는 것을 깨닫습니다. 그리하여 그들은 각기 자신의 입장을 버리고 적극적으로 함께 해결책을 모색하려고 합니다. 그들의 욕구, 동기 부여, 가치를 감안하여 저녁에 다음과 같이 하기로 합의합니다. 위르겐은 헤드폰을 낀 채 텔레비전을 보고, 아리아네는 위르겐 옆의 긴 의자에 누워 책을 읽으며 그에게 긴장을 풀어주는 발 마사지를 받습니다. 이러한 해결책으로 두 사람은 무척 만족해합니다. 아닌 게 아니라 혼자 거실에 웅크려 있으려고 마음먹었을 때보다 훨씬 만족해합니다. 처음에는 언짢았던 갈등이 아리아네와 위르겐의 욕구 지향적인 행동 방식으로 인해 해소될 수 있었습니다. 역동적인 긴장 상태는 움직임, 변화, 발전이라는 의미에서 그런 긴장 상태가 없었을 경우보다 두 사람을 더욱 성숙하게 해줍니다.

이러한 상황은 결국 승자만 있기 때문에 '윈윈 전략'이라 불립니다. 이를 명료하게 설명하기 위한 좋은 예가 이른바 오렌지 나누기입니다. 두 자매가 한 개의 오렌지를 놓고 서로 다투다가 결국 각기 반조각씩 먹기로 합의합니다. 이렇게 한다면 딱 반 조각 만큼만 서로 좋은 것입니다. 그렇지만 두 자매가 욕구의 영역까지 생각했다면 다음과 같이 했을 겁니다. 한쪽은 케이크를 굽고 싶어 껍질을 필요로 하고, 다른 쪽은 과일즙을 짜내고 싶어 과육을 필요로 합니다. 그것은 윈윈 전략입니다. 두 사람은 각기 100퍼센트를 얻었을지도 모릅니다. 대부분 이런 윈윈 전략이 가능하고, 이러한 원칙이 문제 해결의 실마리가 되기도 합니다.

이어서 각자 자신의 최대치를 어떻게 내는지 함께 알아보기로 합시다. 자신에게서, 삶에서, 수백 퍼센트의 성과를 내도록 짜내지 않고 어떻게 최대치를 낼 수 있는지 말입니다. (1부에서 이미 이런 고통스런 주제와 완전히 작별을 고하기로 한 것을 잊지 않았겠지요?)

내적 갈등도 네 가지 갈등 영역의 도움을 받아 윈윈 전략으로 해결할 수 있습니다. 앞에서 말했던 초콜릿을 두고 갈등했던 다이어트녀를 떠올려보세요.

	악마의 속삭임	천사의 충고
입장	초콜릿을 먹고 싶어.	살 빼기로 했잖아.
욕구	만족감	만족감
동기 부여	지난주에 스트레스가 많았어.	지난주에 스트레스가 많았어.
가치	즐거운 신체에 건강한 정신!	건강한 신체에 건강한 정신!

그러면 당신은 예컨대 맛있는 코코아차를 마시는 것으로 당신의 내적 갈등을 해결할 수 있습니다. 이런 방식이라면 초콜릿을 먹고 싶었던 욕구도 충족되고 칼로리의 증가도 막을 수 있습니다. 이것이 바로 윈윈 전략입니다.

'갈등'이라는 주제의 도입으로 행복으로 가까이 가는 이 작업에 좀 더 익숙해지게 될 것입니다. 이제부터는 각자의 삶의 현실 속으로 좀 더 깊이 들어가려 합니다. 스스로 삶을 어떻게 만들어갈 수 있는지, 자신의 욕구를 어떻게 충족시키고, 지속적으로 만족하고 심지어 행복해질 수 있는지에 착수하겠습니다.

이를 위해 간단한 사고思考 실험을 해보려고 합니다.

5~10년쯤 된 해묵은 갈등 하나를 떠올려보십시오.

돌이켜 생각해보면 그때의 감정이 다시 생생하게 떠오르는 사적인 갈등이나 직무상의 갈등을 선택하세요. 물론 당신의 '상처를 다시 건드리려는' 의도는 아닙니다. 예컨대 언짢은 기분, 불안감, 고통과 같은 감정을 지금 다시 떠올려보십시오. 비록 부정적인 감정이라 해도 자신의 감정을 진지하게 받아들이고, 내 삶의 역사 중 일부로 평가하는 것이 중요합니다. 왜냐하면 그때의 상황은 이미 옛날에 벌어진 것이고, 우리는 유감스럽게도 시간을 되돌릴 수 없기 때문입니다.

지금 종이와 연필을 집어 들고, 깊이 생각하지 말고 즉흥적으로 당시의 갈등으로 인해 나중에 얻게 된 모든 긍정적인 점을 적어보십시오. 이러한 갈등이 없었다면 오늘날 가지지 못했을 모든 것, 즉 특정한 체험, 만남, 삶의 상태나 어떤 교훈의 목록을 만들어보십시오.

언젠가 어느 의뢰인이 우리에게 자기 집주인과의 골머리 아픈 갈등에 관해 상담을 한 적이 있습니다. 하지만 최근에 그는 훨씬 위치가 좋고 멋지며, 심지어 더 유리한 조건의 집을 발견하게 되었습니다. 집주인과의 갈등이 훗날 그에게 '득'이 되었습니다. 왜냐하면 갈등이라는 구체적인 계기가 없었더라면 그는 다른 집을 알아보지 않았을 것이니까요.

고통이 한편으로 불쾌하고 힘든 것임을 인정하세요. 그리고 그것이 다른 한편으로 당신을 앞으로 나아가게 해주었고, 돌이켜 생각해보면 기회가 되었음을 인정하십시오.

갈등은 우리의 일용할 양식입니다. 갈등은 영양가가 높으며, 살아가고 살아남는 데 필요한 것을 우리에게 공급해줍니다. 갈등은 우리를 올바른 방향으로 가도록 힘껏 밀어줄 수 있습니다. 우리가 새로운 시각을 받아들이고 거기에서 비롯한 기회를 잡을 용의가 있다면 말입니다.

고통은 언제나 주관적이다

—

더 깊은 문제로 들어가기 전에 먼저 몇 가지를 더 생각해보고자 합니다. 이것은 앞으로의 문제를 좀 더 차분하게 받아들이는 데 유용한 것들입니다.

새벽부터 밤늦게까지, 심지어 꿈속에서조차 사람들은 기분이 좋든 나쁘든, 옳든 그르든 관계없이 삶을 정리하고 분류하는 데 매달립니다. 이때 각자가 느끼는 고통은 동시대 사람들이나 사건과는 전혀 관련이 없습니다. 고통이 생기는 이유는 오로지 평가하고 판단하는 자신의 생각 때문입니다. 그간 수많은 사람들을 만나고 코칭을 해왔는데 그중에 50대 중반의 한 여성 의뢰인이 있었습니다.

그분은 사회에서 지도적 위치에 있는 매력적인 여성이었습니다. 그녀가 우리를 찾아온 이유는 마음껏 펼치고 싶은 소망과 동경이 자신에게 있다는 것을 깨달았기 때문입니다. 그녀는 스스로를 돌아볼 줄 아는 사려 깊은 사람이고, 자신의 감정도 통제할 줄 알았습니다. 코칭은 순조로웠고 얼마 지나지 않아 그녀는 삶의 방향을 전환했습니다. 자신의 삶을 새롭게 재편했고 달라진 삶 속에서 즐거운 나날을 보냈습니다.

몇 주 후 우연히 정기 건강검진에서 이미 몇 달 전부터 신체조직에 이상한 변화가 있었음이 포착되었습니다. 그녀는 충격을 받습니다. 그녀는 진단을 받을 때까지 한순간도 고통을 느끼지 않았기 때문입니다. 아무런 고통도 느끼지 못했고, 진단받기 1초 전까지만 해도 그녀는 아주 생생했습니다. 그렇지만 1초 후에 그녀는 온 세상이 완전히 붕괴되는 것 같았습니다.

말할 것도 없이 이 여성 의뢰인의 반응은 지극히 보편적이고 인간적입니다. 이런 사례를 보면 우리의 생각이 어떤 힘을 지니고 있는지 알 수 있습니다. 사안 그 자체, 이 경우에 건강상의 변화는 직접적인 손해나 고통을 야기하지 않습니다. 좌우간 어느 정도까지는 그렇습니다. 신체조직의 변화는 단순히 존재할 뿐입니다. 아마도 몇 달 동안이나 그녀도 모르게 말입니다. 그 사안을 해롭고 나쁘며 위험하다고 정리하고 분류해서 단죄하는 우리의 생각이 비로소 고통을 초래합니다.

몇 주 후 다시 정밀진단한 결과 다행히 신체조직 변화가 양성良性으로 밝혀집니다. 헛소동이었던 셈입니다. 사실 그동안 내내 아무 일도 없었던 것입니다. 이로써 우리 생각이 일으키는 불합리한 영향력이 명백해졌습니다.

이러한 배후 관계를 감안해서 생각하고 느끼고 평가할 때 신중을 기해야 한다고 진심으로 당부합니다. 사람들은 종종 너무나 많은 정보와 루머 등으로 겁먹곤 합니다. '모르는 게 약이다' 라는 속담이 그냥 아무 이유 없이 생긴 말이 아닙니다.

우리는 여러 가능성을 너무 성급하게 차단하고 길을 봉쇄할 때가 있습니다. 물론 과정 그 자체를 평가하는 것은 중요합니다. 하지만 결실을 맺기 전에 배아 상태에서 해결의 실마리를 제거하는 일은 없어야 합니다. 해결을 위해서는 전체적인 잠재력을 다 퍼올릴 수 있어야 합니다.

짧은 시간 여행으로 새로운 삶에 승차해보려고 합니다. 음울한 일상에서 벗어나고 싶지 않나요? 모든 강박, 갈등, 일과 삶의 균형이라는 거추장스러운 짐을 그냥 과거 속에 놓아버릴까요? 무얼 더 머뭇거리고 있나요? 자, 올라타십시오.

미래로 떠나는 시간 여행

무언가를 쓸 준비를 하십시오.

긴장을 풀고 몸을 뒤로 젖혀볼까요? 여기가 어딘지, 지금이 몇 시인지 이런 것은 모두 잊으세요. 심호흡을 하십시오. 두 눈을 감고 다음 상황을 떠올려보세요.

2023년으로 가보겠습니다.

놀랄 만치 긴장이 풀려 있어 행복하고, 삶을 마음껏 즐기는 자신의 모습이 보입니다. 주위를 둘러보세요. 내가 어디에 있나요? 무엇을 하고 있습니까? 주위에는 누가 있습니까? 모든 것이 어떻게 보입니까? 그곳에서 어떤 냄새가 납니까? 당신의 눈앞에 어떤 색깔이 떠오릅니까?

모든 것을 정확히 상상하고, 이러한 완벽한 세계를 두루 살펴보고 이런저런 생각을 하면서, 이미지들을 흡수하듯 받아들여보세요. 몇 분 동안 이 숨막히는 2023년을 두루 돌아다닌 후에 또 몇 번 심호흡을 한 다음 서서히 당신의 몸을 깨어나게 하십시오.

연필과 종이를 재빨리 꺼내어 본 장면을 세세하게 기록하세요. 스케치 같은 그림으로 표현해도 좋고, 또는 다른 방법으로, 예컨대 콜라주 기법으로 이것저것 오려다 표현해도 좋습니다. 하나하나의 장면이 모두 소중하기에 너무 서두르지는 마세요.

시간 여행의 결과를 정리한 후 현재로 되돌아옵니다. 아쉬움이 남더라도 이곳 현재로 힘차게 돌아오는 것이 필요합니다. 그러기 위해 우리는 현재 모습도 만들어보려 합니다.

나의 현재 모습 그려보기

step one 다양한 색깔과 크기의 색인 카드나 작은 메모지, 진한 연필을 준비하세요. 될 수 있는 한 30분에서 45분 동안 아무 방해도 받지 않도록, 그리고 마음대로 이용할 공간을 확보하세요. 커다란 탁자 위 또는 방바닥에서 '마음껏 생각을 펼칠' 수 있으면 가장 좋습니다. 휴대폰은 물론 주위에 사람뿐만 아니라 필요한 경우에는 애완동물까지 치우십시오. 그럼 이제 나의 현재 삶을 돌아보고 각 영역을 차례차례 머릿속에 떠올려보세요. 예를 들면 이런 것들입니다.

- 사장, 동료, 고객과 같은 회사에 속하는 각각의 인물들
- 이성친구, 애인, 결혼, 애정 편력
- 가족이나 자녀들, 처가(친정)나 시댁
- 취미, 열정, 여가 동안 하는 일, 그리고 그것과 관련된 인물들
- 친구와 지인들
- 그 밖에 단체나 명예직과 같은 일시적으로 몸담았던 역할

유연한 사고를 하고, 당신에게 적절한 모든 것을 샅샅이 찾아보십시오.

당신은 이 모든 것을 불러올 준비를 하기 위해 각각의 영역을 항목별로 종이에 기록할 수도 있습니다. 그런 후에 각 영역을 위한 카드를 놓으십시오. 카드의 크기와 색깔은 주관적으로 주제에 적합하도록 선택하십시오. 예컨대 그 일이 삶에서 많은 공간을 차지한다면 비교적 큰 카드를 고르십시오. 취미가 큰 기쁨을 선사한다면 마음에 드는 색깔을 고르십시오.

이와 동일한 것이 그때그때의 영역에서 하나의 역할을 수행하는 사람들에게 적용됩니다. 물론 각 개개인을 하나의 카드에 영원히 남길 필요는 없습니다. 물론 그때그때의 영역에 두드러진 역할을 수행하는 누군가가 있다면 예컨대 자신의 카드로 당신의 마음에 드는 동료나 제일 친한 여자친구의 가치를 인정하십시오.

step two 각 카드마다 이제 두 개의 표제어가 기록됩니다. 무엇보다도 회사 XY, 반일 근무 일자리, 수영 클럽, 여사장 뮐러 부인, 동료 슈미트 등으로 생활 영역 내지는 그것에 상응하는 주제나 인물을 구체적으로 확실히 하십시오. 그런 다음 각 영역이나 인물의 특성을, 말하자면 직업에 대해서는 '정신병원'이나 '금광'으로, 당신의 요가 센터에 대해서는 '휴식 오아시스'로, 미워하는 동료는 '돼지'로, 애인은 '마녀참새'로 나만의 '비공식적' 평가를 매겨봅니다.

이때 당신 자신에 대해 진실한 태도를 취하는 것이 매우 중요합니다. 만약 사회에서 바람직하다고 생각되는 방향으로 행동하거나, 자신을 속이면 이 작업은 무용지물이 됩니다. 그러면 우리는 이 작업을 당장 그만두는 것이 더 낫습니다. 어쩌면 정치적으로 올바르지 않을 수 있는 생각이 이런 자리에서는 도움이 될지도 모릅니다. 모든 것이 허락되어 있습니다. 중요한 것은 그 일이 당신에게 재미있고, 당신의 주관적인 생활공간을 드러낸다는 사실입니다.

step three 이 훈련의 마지막 단계입니다. 카드를 펼쳐놓으십시오. 카드의 배열에서 그 문제의 특성이 드러나도록 유의해야 합니다. 중요한 영역이나 우세한 영역을 예컨대 위나 중앙에 놓고, 유사한 영역끼리는 서로 그룹을 지을 수 있습니다. 어떤 주제나 인물이 현재 삶에서 중심적 위치를 차지하지 않으면 멀리 치워놓거나 가장자리에 두십시오. 모두 적절한 명칭이 붙어 있는지, 제대로 배열되었는지 확인하세요.

이러한 프로세스가 우리가 하려고 하는 공동 작업의 핵심입니다. 대부분의 사람들은 자신의 생활 영역, 주제, 중요한 인물을 분명히 의식하지 못합니다. 어째서 그럴까요? 우리는 일상적으로 그(것)들에 둘러싸여 있어서 어느 정도 당연하게 느끼기 때문입니다. 당신의 현재 모습, 현 상황을 의식하게 되는 것이 이 작업의 첫걸음입니다.

이러한 과정을 구체적으로 형상화하기 위해 이제부터 의뢰인 두 사람의 이야기를 하려고 합니다(물론 이름과 기본적인 상황은 실제와 다르게 각색했습니다). 이 두 사람의 세세한 변화 과정을 통해 우리는 좀 더 수월하게 이 훈련을 수행할 수 있을 것입니다.

의뢰인 크리스티네와 알렉스의 경우

—

올해 41세인 크리스티네는 병원에서 수술 보조 간호사이자 인력 관리자로 반일 근무를 합니다. 그녀는 마티아스(46세, 치과의사)와 결혼했고, 둘 사이에는 레나(17세, 실습생)와 요헨(13세, 학생)이라는 두 아이가 있습니다. 이 가족은 프랑크푸르트 외곽의 자택에 살고 있습니다.

크리스티네가 우리한테 코칭을 받으러 왔을 때 그녀의 첫마디는 이것이었습니다.

"나는 이런 싸움이 이제 지겨워요!"

그녀는 기진맥진해 있었고 불안해 보였으며, 눈에는 눈물이 그렁그렁했습니다. 두 달 전부터 지속적으로 두통에 시달리고 있고, 식욕은 없으며 자꾸 머리카락이 빠진다고 하소연했습니다. 그녀는 우리에게 자신의 이야기를 솔직하게 털어놓았습니다. 이야기를 들은 우리는 그녀의 현재 모습을 분석했는데, 그 결과는 다음과 같습니다.

크리스티네의 상이하고 다양한 생활 영역은 각기 따로 존재하고, 서로 멀리 떨어져 있습니다. 그녀는 반일 직업(수술 보조+인력 관리)에 대해 일단 정지 교통표지판 모양의 크고 붉은 카드에서 표현하고, 검고 굵은 글씨로 '인생의 무덤!' 이라고 써서 그 특성을 부여합니다. 그것은 최상단에 위치하며 전체 그림을 지배합니다.

가족을 위해서는 담청색 구름이 선택되고, 거기에 남편 마티아스(작은 곰)와 아들 요헨(햇살)이 기록됩니다. 딸 레나(애증+사고뭉치)는 번개 상징을 덧붙여 따로 청록색 카드에 기록됩니다. 그 옆에 마찬가

이름	크리스티네
나이	41세
직업	간호사

수술 보조 간호사
+
인력 관리인
= 인생의 무덤!

스포츠/배드민턴 → 불로초

카렌 →
안정의 중심 →
미안한 마음

집······?

레나···을
애증 + 사고뭉치

마티아스   요헨
작은 곰   햇살

지로 청록색 카드인 '집'에 그녀는 커다란 물음표를 그려 넣었습니다. 또 다른 카테고리인 스포츠/배드민턴에는 노란색으로 반짝이는 작은 카드에 '불로초'란 모토를 기록했는데, 그 카드의 테두리는 찢겨서 군데군데 가닥이 풀려 있습니다. 가족 구름과 스포츠 카드 사이에는 꽃 모양으로 반듯이 잘린 장미색 카드가 있는데, 그것은 크리스티네의 친한 여자친구 카린을 나타냅니다.

크리스티네는 대화를 나누면서 자신이 처한 상황에 대해 이야기합니다. 그녀는 몇 년 전부터 병원에서 원래의 간호 업무 말고도 인력 관리 업무를 맡았습니다. 그 때문에 본래의 업무로부터 20퍼센트 정도 벗어나 있고, 추가로 해야 하는 업무는 시간 낭비이자 보람 없는 일로 느끼고 있습니다. 그녀는 정해진 빠듯한 일정 내에 정보를 얻고 혁신을 단행해야 하는 역할 탓에 상관들뿐만 아니라 동료들 사이에서도 인기가 없습니다. 그런 일을 하면 항상 지지를 못 받게 마련입니다. 4년 전 그녀는 병원으로부터 인력 관리 교육자금을 지원받았는데 그 때문에 자신이 '매장당하게 됐다'고 생각합니다. 그 대가로 10년간 인력 관리인으로 일할 의무를 져야 했기 때문이죠.

남편 마티아스와 아들 요헨은 그녀를 지지하고 신뢰합니다. 그녀는 자신의 딸과는 애증 관계로 얽혀 있습니다. 크리스티네는 특정 문제에 대해 같은 여자로서 의견을 공유할 수 있는 딸이 있는 것을 고맙게 생각합니다. 그러나 한편으로 딸이 사춘기에 들어서면서 반항기가 다분해져 감당할 수 없는 지경인지라, 레나가 집을 나가 자신의 길을 갔으면 하고 바랄 때도 있습니다(그녀는 이런 사실을 감히 입 밖에 내지 못하는 것은 물론이고 거의 인정하지도 않습니다).

크리스티네의 집은 그녀에게 안정과 휴식을 제공하지만, 직업적인 제약으로 날이 갈수록 깨끗하게 치우지도 정리하지도 못하고 있습니다. 이런 점에서 그녀는 반일 근무하며 가정을 완벽하게 꾸려나가기를 원하는 남편의 요구에 종종 스트레스를 받습니다. 아이들도 각자 할 일을 분담해 이행하지 않는다면 큰 집을 유지하기 어려울 것입니다.

그녀는 체력을 유지하고 즐거움을 주는 스포츠에 쏟을 시간마저 없습니다. 친구 카린과 더 많은 시간을 보내고 싶지만 그것마저 마음대로 되지 않습니다. 미혼인 카린은 나들이를 가거나 주말여행을 가자고 종종 얘기하지만 벌써 몇 번이나 들어주지 못했습니다.

이런 문제를 한마디로 정리하면 이렇습니다. 크리스티네는 어떻게든 모든 일과 모든 사람에게 동시에 정당한 평가를 받고 싶어 하고, 그래야만 합니다. 그녀는 현재 육체적으로 한계에 도달해 있습니다.

크리스티네의 모습이 어딘지 모르게 지금 당신 자신의 모습과 닮아 있지 않나요? 그렇다면 다음과 같이 해보시길 권합니다.

　a. 생각하고 메모하기에 가장 편한 자세이면 됩니다.

　b. 자신의 상황을 크리스티네처럼 그림과 글로 표현해봅니다.

　c. 사안에 따라 색깔을 고르고, 항목을 덧붙이는 방식이면 됩니다.

　d. 모든 것을 되도록 구체적으로 묘사하십시오.

올해 32세인 알렉스는 미국계 기업 컨설턴트로 일합니다. 그는 리자(33세, 마케팅 전문가)와 결혼해 뒤셀도르프 도심에 있는 아파트 맨 위층 펜트하우스에서 살고 있습니다. 주중에 그는 프로젝트를 위해 독일 각지를 돌아다닙니다. 알렉스는 늘 자신이 매우 잘 지낸다고 우기는 폐쇄적인 타입이었습니다. 그러면서 우리와 이야기하는 중에 가끔 당황하며 웃기도 했습니다.

아내인 리자는 알렉스가 점점 정서 불안을 보인다고 생각해서 그에게 코칭을 받아볼 것을 권했습니다. 알렉스의 관점에서 삶에 고점 high point과 저점low point이 있는 것이 정상입니다. 그는 현재 상황이 길어야 2, 3년쯤 갈 거라고 생각합니다. 자주 밤늦게까지 일하고, 수면장애를 겪고 있어 잠자리에 들기 위해 와인 한 병을 마시곤 합니다. 그의 현재 모습을 분석한 결과는 다음과 같습니다.

가운데에는 알렉스가 자랑스러워하는 자신의 직업이 이상적인 직업이라는 말과 함께 커다란 카드에 적혀 있습니다. 그 위에는 그의 상사인 페터(돼지+라이벌)가 떡하니 버티고 있습니다. 동반자를 나타내는 '가정은 리자와 함께'에서는 폭탄과 세 개의 물음표가 발견됩니다. 한쪽 귀퉁이에 보잘것없는 하얀색의 여가용 카드에는 부모, 봉사활동, 뛰어난 재능을 요구하는 프로젝트, 자동차와 같은 것이 뭉쳐 있는데, 거기엔 보란 듯이 커다란 X표가 쳐져 있습니다.

알렉스는 대화를 나누면서 상세한 배경을 설명합니다. 대학 졸업 후 그는 기업 상담 분야에 근무하면서 독일 전역을 돌아다니며 일주일에 거의 80시간씩 일하고 있습니다. 목요일이나 금요일에는 뒤셀도르프로 돌아오지만, 주말에도 가끔 다음 주 일정을 위해 무언가를 준비해야 합니다. 그는 전에는 그런 것을 잘 견뎌낼 수 있었습니다. 그러나 지금은 여가시간에 자주 피곤하고 지쳐서 주말에 차마 일을 할 결단을 내리지 못합니다. 그는 지난 몇 년 동안 두루 출장을 다녔

이름	알렉스
나이	32세
직업	기업 컨설턴트

페터=
돼지 + 라이벌

기업 상담

이상적인 직업

가정은 리자와 함께
???

부모,
봉사활동,
뛰어난
재능을 요구하는
프로젝트,
자동차

고, 자신의 '라이프스타일'을 소중히 여깁니다. 몇 달 전부터 그는 페터라는 상사 밑에서 일하고 있습니다. 특히 그는 페터가 자신의 아이디어와 해결책을 도용하고 자기 것인 양 으스대며, 도리어 자신을 나쁘게 평가한 탓에 기분이 언짢은 상태입니다.

그는 리자와 같이 사는 집을 긴장을 풀 수 있는 휴식처로, 시원한 바람이 부는 항구로 생각했었습니다. 그러나 2년 전부터 커다란 압력을 받기 시작했습니다. 리자가 점점 그의 직업적인 상황을 이해하지 못하고, '아이'라는 주제를 더 빈번히 거론하기 때문입니다. 둘이 다투는 횟수가 잦아지고, 때로는 아주 큰 소리로 싸우기도 합니다. 그럴 때면 리자는 이혼하겠다고 협박합니다. 알렉스는 기업 컨설턴트로 2, 3년 더 일하고 높은 자리에 오른 다음 아이에 대해 생각하고 싶습니다.

가끔 그는 함부르크에 사는 부모님을 자주 뵙지 못해 안타까워합니다. 대학에 다닐 때는 봉사활동으로 수학 영재들을 돌보았지만, 지금은 유감스럽게도 그러지 못합니다. 자신의 오래된 스포츠카를 좋아하지만 지금은 그것을 타고 밖으로 나가는 일이 매우 드뭅니다. 아무튼 알렉스의 경우는 첫눈에 모든 것이 '확립되어' 있는 동시에 긴장을 야기하는 듯이 보입니다. 실은 균형이 모두 무너져 있습니다. 알렉스의 이상적인 모습은 위험에 처해 있고, 그러한 사실이 신체적으로 나타나고 있습니다.

다음 단계로 넘어가기 전에, 스스로 현재 모습을 새로이 묘사해보세요. 벌써 이 자리에서 빨리 벗어나고 싶어 안달이 날 겁니다. 그 심정 이해합니다. 그러한 반응은 아주 정상적이고, 또 유익하기도 합니다. 그럴 수 있다면 좋겠지만 오랜 세월 눌러붙어서 딱지가 돼버린 것을 20분 만에 떼어낼 수는 없습니다.

이제 분명히 알 수 있을 겁니다. 누구나 갈등거리를 갖고 있지만 아무도 그것을 원하지 않습니다. 갈등은 아침부터 밤까지 따라다닙니다. 하지만 갈등은 우리가 움직이고 변하며 발전하도록 자극하는 우리 내부의 에너지, 우리가 인식하고 배우는 에너지에 불을 붙입니다. 우리는 다음 장에서 강박과 갈등에 자꾸 얽매이는 경향이 있는, 우리의 잠재의식이 부리는 속임수를 물리치는 데 집중하고자 합니다. 그것들은 우리에게 달갑지 않지만 안정을 암시하는 삶의 구조를 제공하기 때문입니다.

그럼 갈등을 극복하는 일에 매진하면서 왜 우리가 갈등에 얽매여 있는지 살펴보도록 합시다.

8장

내면의 싸움닭들을 화해시키는 기술

앞에서 언급했던 의뢰인, 알렉스를 기억하시나요?
그가 현재 수행하고 있는 상이하고 다양한 역할을 끌어냅니다.
알렉스는 무엇보다도 아들, 남편, (잠재적인) 아버지,
친구, 대학 졸업자, (기업 상담을 하는) 직원, (상관 페터의) 부하, '초과시간 근무자',
출장을 많이 다니는 자, 라인란트 주민, 세입자,
(한때 영재들의) 교사, 자동차 애호가/운전자, 와인 애호가입니다.

이 각자의 역할이 마구 시비를 걸면서 자신의 목소리를 높이고,
이런저런 의견을 피력하고 원하며 요구하는 다투기 좋아하는 모습을 상상할 수도 있습니다.
그러한 상상법은 각 개인이 원하는 바를 정확히 짚어내는 데 유익합니다.
이제는 이 글을 읽는 당신의 내부에 있는 목소리 내지는
역할의 다양성에 집중하기로 합시다.
당신에게는 무척 많은 '나'가 있지 않나요?
(당신이 미쳤다는 뜻은 아닙니다.)

내면의 싸움닭들을
화해시키는 기술

내 속 에 는 내 가 너 무 나 많 다

—

이제 당신의 차례입니다. 당신이 담당하고 있는 역할이 든 카드를 내려놓으세요. 대충 다음과 같은 도표를 그려보세요.

역할	욕구
역할 1	
역할 2	
……	

역할을 밝히면 문제 해결이 좀 더 쉬워집니다. 보통 일상에서 우리는 자신을 '통일체'로 인지하고, 내적인 다양성을 의식하지 못합니

다. 이런 통일체적 사고를 하는 경우 어떤 역할과 다른 역할이 교착상태에 있을 때 비로소 문제가 표면에 떠오릅니다. 그럴 때 우리는 대부분 그 문제가 우리 정체성의 한 부분하고만 관련되어 있다는 것을 알지 못하고 일반화합니다.

그렇게 되면 그 문제를 제거하기 위해 구체적으로 어떤 일에 착수해야 할지도 알기 어렵습니다. 어떤 일이 정상적으로 돌아가지 않는다는 사실만 깨닫고, 자신이 매우 어려운 문제에 직면해 있다고 여기게 되는 것입니다. 부분 정체성, 역할에 대한 부족한 인식 혹은 '문제를 일으키는 사람'이라는 자책감이 우리의 삶을 한층 복합적으로 만들고, 때때로 더 복잡하게 만듭니다. 하지만 보람이 없는 것은 아닙니다. 왜냐하면 그래야만 우리는 지속적으로 심도 있는 진척을 이룰 수 있기 때문입니다.

우리가 이런 방향으로 계속 작업하기 전에 크리스티네의 역할을 목록에 수록하고, 그것을 열거하며 아래에서 조정하도록 해보겠습니다. 그러면 당신은 역할 분석을 제대로 했는지 비교해볼 수 있습니다. 어쩌면 스스로 작성한 것으로 어떤 영감을 받을지도 모릅니다.

크리스티네는 아내, 어머니, 자택 소유자, 수술 보조 간호사, 인력 관리인, 반일 근무자, 부하, 동료, 헤센 출신의 여자, 스포츠를 좋아하는 여자, 여자친구, 소풍을 즐기는 여자입니다.

자신이 어떤 역할을 수행하고 있는지 위와 같이 부분 정체성을 정리해본 후에 이 책의 1부에서 이야기했던 것을 떠올려봅시다. 다음 체크리스트를 보면서 일상생활에서 어떤 압박 혹은 스트레스를 받는지 개인적으로 검토해보십시오.

	직업적으로	사적으로
성과	☐	☐
스트레스	☐	☐
의미 부여	☐	☐
완벽	☐	☐
균형	☐	☐
자아실현	☐	☐

이러한 결과는 단지 빙산의 일각일 뿐입니다. 우리는 본질적으로 자신이 의식하고 있는 일에만 손을 댈 수 있습니다. 많은 강박이 내부에 깊이 뿌리박혀 있어서 곧장 그것에 호소할 수 없는 처지입니다. 바로 빙산이란 큰 주제를 다루고 있으므로 7장에서 이야기했던 상이한 갈등의 영역을 참조하도록 하겠습니다.

1. 입장
2. 욕구
3. 동기 부여
4. 가치

무엇을 알 수 있나요? 자세히 살펴보면 당신의 갈등은 본질적으로 입장의 영역에서 일어납니다. 이는 크리스티네나 알렉스의 경우에도 마찬가지입니다.

크리스티네는 좋은 아내가 되어야 한다는 성과 강박과 완벽 강박을 느끼고 있습니다. 나쁜 아내가 되겠다고 할 여자가 대체 어디 있겠습니까? 그녀가 자기 남편의 기대를 충족시키면 좋은 아내일 것입니다. 집을 완벽히 정리하고 깨끗하게 유지할 수 있다면 더욱 그렇습니다. 이때 특히 압력에 시달립니다. 왜냐하면 그녀는 반나절 동안은 일하고, 이론적으로 볼 때 다른 절반만 집에서 보낼 수 있기 때문입니다.

여기에다 크리스티네는 능력 있고 완벽한 어머니여야 한다는 기대가 더해집니다. 매정한 어머니로 평가받고 싶은 여자가 누가 있겠습니까? 오늘날 남자든 여자든 아이들의 숙제를 봐주고, 학부모 행사에 찾아가고, 학교 바자회에 참가하고, 아이들을 수련회에 데려다주고, 아이들이 다방면에 재능을 키울 수 있게 피아노, 중국어, 골프를 배우도록 해줘야 합니다. 그러므로 크리스티네는 매주 (원래는 도저히 낼 수 없는) 몇 시간을 아이들에게 투자합니다.

직장에서 그녀는 나날이 좀 더 나은 모습을 보일 것을 요구받습니다(성과, 완벽 강박). 점점 높아지는 실업률과 폭발적으로 증가하는 업무의 압박 탓에 괴롭지만 어떻게든 쫓아가야 합니다. 그녀는 인력 관리인으로서 지속적인 재교육을 받아야 합니다. 그 밖에도 반일 근무를 하는 그녀는 동료들을 대신해 일을 해줘야 할 때도 자주 있습니다. 또한 크리스티네는 퇴근 후 시간을 알차게 보내고도 싶습니다. 몸이 파김치 상태인데도 친구와 만날 약속을 하고, 불평 없이 남이 하지 않는 체험 이벤트에 참가합니다. 이런 상황에서 배드민턴 같은 스포츠를 즐긴다는 것은 그야말로 기품 있는 행위에 속합니다.

피상적인 이야기 같지만, 이렇게 겉으로 드러나는 것은 우리의 내적 문제와 깊이 관련이 있습니다. 어쩌면 당신은 자신의 삶을 힘들게 만드는 이런저런 추가적인 강박을 스스로에게서 확인할 수 있었을지도 모릅니다. 무엇이 분명해집니까? 크리스티네와 알렉스는 외적인 자기를 잃어버림으로써 내적인 자기에 이르는 통로를 잃어버렸습니다. 그들의 욕구는 수포로 돌아갔고, 완전히 위축되었습니다.

"너는 일에서 150퍼센트 성과를 내야 한다"와 대결하는 "너는 가사에서 150퍼센트 역할을 해내야 한다!"는 입장은 합일될 수 없으며, 갈등을 불러일으킵니다. "너는 주당 80시간 일해야 한다"와 대결하는 "부모, 파트너, 자녀를 위한 시간을 내야 한다!"는 입장도 마찬가지입니다.

하지만 우리가 빙산 모델과 네 개의 갈등 영역(입장, 욕구, 동기 부여, 가치)을 돌이켜 생각해보면 보다 깊은 차원의 갈등에 자주 원윈 전략이 숨어 있음을 떠올릴 수 있습니다. 우리는 이제 우리 작업의 핵심, '역할의 상호 욕구 보상 모델'에 이릅니다.

물론 일과 삶의 균형이란 주제는 전혀 새롭지 않고, 심지어 이미 수없이 많은 일과 삶의 균형 모델이 검증되었습니다. 이러한 모델은 본질적으로 일이나 삶의 영역에서 특정한 시간을 얼마나 할당하는지를 통해 특징지어집니다. 우리의 하루가 아무리 해도 24시간을 넘을 수 없으므로 지금까지의 시도는 시간적으로 대충 균형 잡힌 관계를 이루도록 하는 데 기반을 둡니다. 말할 것도 없이 순전히 시간에 기초

한 이런 해결법은 우리의 강박과 개인적인 욕구 상황을 결코 제대로 평가할 수 없습니다.

우리는 모든 것을 획일적으로 다루는 것이 아니라 욕구 지향을 우

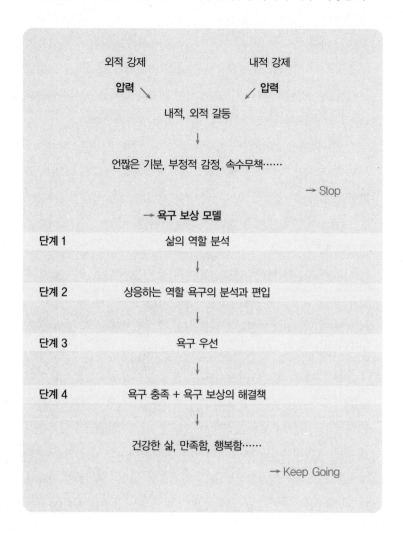

선으로 그다음 단계를 설계합니다. 그것이 우리 모델의 하이라이트입니다. 일반적으로 말하면 욕구 보상 모델은 모든 내적, 외적 갈등을 해결하기 위한 보편적 모델입니다. 옆 페이지의 그림은 그 모델이 어떻게 기능하는지 보여줍니다. 그림에서 보듯이 이 프로세스에서는 '욕구'라는 개념이 눈에 띄게 여러 번 등장합니다. 우리는 이제 각자가 자신의 욕구를 들여다볼 수 있도록 안내하려고 합니다.

이미 우리 사회의 '강박증'을 다루면서 밝힌 적이 있습니다. 외부 세계와 비교하여 우리의 행복 수준을 측정해볼 때, 우리가 원래 행복해야 함에도 잘 지내지 못하고 고통을 겪는 것은 어찌 된 일일까요? 고통은 언제나 주관적입니다. 복층 아파트에 사는 40대 중반의 많은 사람들이 골판지 상자 속에 살아도 우주적 희열을 맛보는 인도의 탁발승보다 더 삶이 형편없다고 느끼기도 합니다.

다음 표에는 당신을 위해 준비한 일련의 욕구들이 있습니다.

인정/가치평가	친밀감/보호받음	성생활
호흡	창의성	안정/보호
감격/재미	경쾌함/기쁨	정신적 평화
참가	집/온기	먹고 마시기
움직임	리듬/질서	지원
교양	의식/축제	이해심
성실/진정성	휴식/고독	이해/명백
평화/조화	수면	신뢰
명랑	자립/자율	소속감
정직/참됨	자신감	……

우리의 감정은 무척 단순합니다. 욕구가 충족되면 우리는 긍정적인 감정을 체험합니다. 욕구가 충족되지 않으면 우리는 부정적인 감정을 체험합니다. 당신의 기분이 언짢다면 욕구가 성취되지 않았다는 뜻입니다. 시간 할당량을 이리저리 조절하는 것만으로는 건강한 삶을 보장할 수 없습니다.

- 긍정적인 감정
  균형 잡힌, 침착한, 긴장이 완화된, 행복한, 생기 있는, 고무된, 열렬한, 반한, 자유로운, 감사하는, 낙관적인, 관심이 있는······
- 부정적인 감정
  고독한, 질투가 심한, 시기심이 있는, 굶주린, 기진맥진한, 나태한, 머뭇거리는, 의기소침한, 무감각한, 속수무책인, 불안정한, 좌절한, 소심한, 신경질적인······

낯선 영역에 들어서다: 욕구 들여다보기
—

알렉스의 역할을 살펴보고, 상이한 역할 속에서 어떤 욕구들이 나타나는지 분석해보기로 하겠습니다. 당신은 작업의 진전을 위해 욕구 목록을 www.kitz-tusch.com/de/downloads에서 불러올 수 있습니다.

역할	욕구	
아들	인정/가치평가	자립/자율
	참여	자신감
	성실/진정성	안정/보호
	평화/조화	지원
	정직성/참됨	이해심
	집/온기	신뢰
	리듬/질서	소속감
남편	인정/가치평가	자립/자율
	참여	자신감
	성실/진정성	성생활
	평화/조화	안정/보호
	정직성/참됨	지원
	가까움/보호받음	이해/명백
	경쾌함/기쁨	신뢰
	집/온기	
(잠재적인) 아버지	인정/가치평가	경쾌함/기쁨
	감격/재미	자신감
	참여	이해심
	평화/조화	이해/명백
	명랑	신뢰
친구/동료	인정/가치평가	지원
	감격/재미	이해심
	참여	이해/명백
	성실/진정성	신뢰
	자신감	소속감

직원	인정/가치평가 참여 교양 성실/진정성 평화/조화 정직성/참됨 창의성 리듬/질서	자립/자율 자신감 안정/보호 지원 이해심 이해/명백 소속감
부하	인정/가치평가 참여 교양 성실/진정성 평화/조화 정직성/참됨 신뢰	자립/자율 자신감 안정/보호 지원 이해력 이해/명백
초과근무자	인정/가치평가 창의성	감격/재미
출장을 많이 다니는 자	감격/재미 명랑	경쾌함/기쁨 자신감
라인란트 주민	감격/재미 명랑 경쾌함/기쁨	의식/축제 소속감
세입자	평화/조화 집/온기	안정/보호 신뢰

(예전의) 교사	인정/가치평가 감격/재미 자신감	교양 창의성
자동차 애호가/운전자	감격/재미 명랑	경쾌함/기쁨
와인 애호가	감격/재미 명랑 경쾌함/기쁨	의식/축제 먹고 마시기

무엇이 분명해집니까? 우리가 아주 다양한 역할을 수행하고, 다양한 부분 정체성으로 지극히 복합적으로 이뤄졌다 해도 우리의 생활 설계에는 몇 개의 본질적이고 항상 되풀이되는 욕구가 존재합니다. 알렉스의 경우에는 다음과 같은 역할의 독립성이 자주 나타납니다.

- 인정/가치평가
- 성실/진정성
- 자신감

이것이 우리의 의식화 작업의 두번째 단계이고, 우리의 욕구 보상 모델의 핵심입니다. 즉 동일하거나 유사한 욕구가 상이한 역할의 토대가 되면 이론적으로 볼 때 욕구를 서로 보상하는 것도 가능할 것으로 짐작됩니다.

또는 다른 식으로 표현하자면, 욕구 충족을 어떤 생활 영역으로부터 다른 영역으로 옮기고 전달하는 것도 가능할 것입니다. 그럴 경우에 욕구 자체는 매우 상이하게, 마찬가지로 극도로 다양하게 충족될 수 있습니다. 독창적인 아이디어나 구체적 입장이 반드시 필요하지는 않습니다.

크리스티네의 경우에도 비교 가능한 모습이 보입니다.

역할	욕구	
어머니	인정/가치평가 평화/조화 지원 소속감	이해심 이해/명백 신뢰
아내	인정/가치평가 평화/조화 친밀감/보호받음 집/온기 자립/자율 소속감	성생활 안정/보호 지원 이해심 신뢰

이제 당신이 질문을 받을 차례입니다. 자신의 역할과 욕구 목록을 작성할 준비를 하고, 자기 안에 있는 여러 목소리가 발언할 수 있게 독려하세요. 앞에서 역할 분석을 할 때 준비한 일람표를 채워서 완성할 수 있을 것입니다.

자신과 대화를 시작하십시오. 마음속으로 그때그때의 역할을 생각하며 감정을 느껴보십시오. 자신의 부분 정체성과 '대화'를 하고, 거

자신의 다양한 역할 속에 존재하는 욕구의 목록을 직접 작성해보세요

역할	욕구

기서 어떤 욕구가 지배적인지 알아내십시오.

자신의 욕구 상황을 개관한 후에 다음 단계로 가길 바랍니다. 지금 우리가 하고 있는 작업은 스스로를 긴장시키고 자극을 주는 방식입니다. 하지만 자극을 주는 가장 좋은 방법이 무엇인지 아십니까? 충격을 주는 것입니다.

그러기 위해 다음 질문에 서면으로 답하십시오. 기록으로 남겨두면 어느 때나 다시 그것을 꺼내보고, 계속 거기에 맞추어 현실성을 유지할 수 있습니다.

☐ 어릴 때 무슨 일을 하고 싶었나요?

☐ 다른 사람들은 내가 어떤 재능이나 능력을 갖고 있다고 말하나요?

☐ 친구나 친지는 나의 어떤 점을 자주 비판하나요?

☐ 체형은 어떠합니까?

☐ 더 불행해지려면 어떤 일이 일어나야 할까요?

☐ 나는 양심적인 사람인가요?

☐ 무엇을 신뢰하고 믿나요?

☐ 어떤 이상을 추구합니까?

수면 아래로 가라앉아 잘 보이지 않는 빙산의 아랫부분까지 충분히 인식하기 위해서는 위 질문에 대한 자신의 답변을 이용하세요. '욕구 안경'을 쓰고 이제 자신이 답변한 모든 개별적인 양상을 검토하십시오. 즉 그 양상이 어떤 욕구에 말을 걸고, 어떤 욕구를 전제하고, 어떤 욕구를 건드리거나 충족시킵니까?

크리스티네의 경우는 다음 사실이 밝혀집니다.

- 그녀는 언제나 바다를 사랑했습니다.
- 다른 사람들은 그녀의 협조심을 평가하면서 그녀가 이용당할 수도 있음을 우려합니다.
- 그녀는 정의가 중요하므로 결코 누군가를 속여 이득을 취하려 하지 않습니다.
- 그녀는 자연과 가까운 삶을 위해 기꺼이 도시문화를 포기할 용의가 있습니다.
- 그녀는 사는 동안 자신의 뜻을 실현하고자 합니다.

이러한 연관성에서 볼 때 그녀의 욕구는 휴식, 지원, 인정, 성실, 정신적 평화입니다.

알렉스에 대해서는 우리는 무엇보다도 다음 사실을 알아냅니다.

- 그는 어릴 때부터 개를 키우고 싶어 했습니다.
- 다른 사람들은 그가 매우 능력 있다고 생각합니다.
- 그의 친구들은 그가 남과의 관계에서 너무 유순하다고 생각합니다.
- 그는 매력적인 체형을 갖고 싶어 합니다.
- 그는 자주 양심의 가책을 받습니다.

이러한 맥락에서 볼 때 그의 욕구는 친밀감, 온기, 가치평가, 조화, 자신감입니다.

어느새 우리는 매우 심도 있게 감정 영역과 욕구 영역을 살펴보았습니다. 그러한 사실을 알게 돼 당신은 때로 약간 낯선 느낌을 받을지도 모릅니다. 우리의 많은 고객들도 당혹스러워했습니다. 하지만 당혹감은 언제나 변화를 위한 좋은 전제입니다.

이러한 당혹감이 왜 생길까요? 우리는 그것에 익숙하지 않습니다. 그리고 우리는 자신의 감정과 욕구의 관계를 철저히 잊고 말았습니다. 우리가 이 책의 1부에서 조목조목 파헤친 온갖 압박과 스트레스로 인해 말입니다. 그래서 우리는 자신이 원하는 것을, 마음이 이끌리고, 느낀 일을 외면하거나 포기할 수 있었습니다. 우리의 삶이 '내가 배제된' 채로 진행됩니다. 예컨대 감정에 대해 물으면 많은 사람들은 이렇게 대답합니다.

"제 남편/아내는 늘 이것이 좋다고 합니다……"

대체 자신의 감정은 어디에 있습니까? 감정은 결코 다른 사람이 대신할 수 없습니다. 감정이란 언제나 우리의 마음속 깊이 들어 있는 것입니다.

이렇게 우리는 점차, 아주 서서히 자신을 신뢰하고, 자신의 감정 세계와 욕구 세계를 조심스럽게 재발견하고 그것을 진지하게 여기는 법을 배우게 될 것입니다. 당신의 소망과 꿈이 우리에게 그 길을 가리켜줄 것입니다.

우리는 앞에서 당신이 새 삶에 승차하기 위해 2023년으로 시간 여행을 떠나자고 했습니다. 이제 당신의 결과를 평가하고, 전체 맥락에 끼워 넣을 적절한 순간이 왔습니다. 이제 스스로 자신의 평점을 어떻게 매겼든 상관없이 당신이 만든 것, 당신의 모습, 당신의 콜라주를 손에 쥐십시오.

시간 여행을 할 때 몇 년 내에 실제로 체험하고 싶은 당신의 소망, 꿈과 동경이 중요합니다. 그 배후에는 다시 우리가 이제 함께 만들어내는 특정한 욕구가 숨어 있습니다. 우리는 이러한 과정을 크리스티네의 이야기로 대신합니다.

크리스티네는 꿈속에서 남편과 발트 해에 살고 있습니다. 그의 치과 진료실은 팔렸고, 아이들은 독립했으며, 각자 자신의 이성친구 혹은 배우자, 손자 손녀 들과 함께 찾아옵니다. 그녀는 자연 속을 돌아다니기 좋아하고 책을 많이 읽습니다.

욕구의 영역에서 무엇보다도 이런 것들이 보입니다. 움직임, 교양, 친밀감, 휴식. 알렉스의 꿈도 함께 볼까요?

알렉스는 자신을 독립적인 조언자로 여깁니다. 그는 그사이 아이가 하나 생겼고, 도시 중심부의 큰 집에서 아내, 애완동물과 함께 살고 있습니다.

욕구의 영역에서 볼 때 이런 게 있습니다. 친밀감, 집, 자립/자율, 소속감.

이제 당신 차례입니다. 당신은 꿈결 같은 2023년의 미래에서 자신의 어떤 욕구를 확인할 수 있나요? 우리가 곧 또다시 화제로 삼을 당신 자신의 욕구 목록을 완전하게 보충하십시오.

욕 구 는 역 할 과 무 관 하 게 실 현 될 수 있 다

—

이어서 우리는 당신을 위해 또 다른 훈련을 준비했습니다. 마음을 단단히 먹고 무언가를 쓸 준비를 하십시오. 다음과 같은 상상을 해보세요. 운석 하나가 지구를 향해 멈출 줄 모르고 빠른 속도로 날아오고 있습니다. 정확히 일주일 후 운석은 지구와 충돌할 예정입니다. 지구상의 모든 생명이 사라질 위기에 처해 있습니다. 빠져나갈 방법이 없습니다.

당신은 앞으로 이 마지막 7일을 어떻게 보내겠습니까? 무슨 일을 하겠습니까? 당신의 활동, 계획, 목표 등을 몇 개의 키워드로 적어보십시오. 지금 '매일을 최후의 날인 것처럼 살자'라는 판에 박힌 말을 하려는 것이 아닙니다. 좀 더 오래 산다면 연금보험금을 납입하고, 다음 주에 이발을 하고, 다음 달에 있을 생일 초대장을 발송하는 것과 같은 의미 있고 필요한 많은 일을 더 이상 못할지도 모릅니다. 그러므로 그런 것은 중요한 문제가 아닙니다.

운석 시나리오는 우리의 삶에서 정말 중요한 것에 집중하도록 하는 하나의 초대장입니다. 물론 있을 수 있는 모든 일이 중요합니다. 우리는 또한 무척 바쁘고 사람들에게 불려 다니며 분주하게 살아갑니다. 하지만 우리가 이러한 가정을 한다면 중요한 것과 정말 중요한 것을 좀 더 철저히 분류하게 됩니다. 그러니까 당신은,

1. 상이한 역할의 토대가 되는 욕구를 기록했고,

2. 2023년의 비전에서 생겨난 욕구를 보충했습니다.

3. 이제는 욕구 목록을 좀 더 다듬을 필요가 있습니다.

사람들과 만나 어울리려고 할 때 친밀감이나 소속감이 당신에게
얼마나 중요합니까? 당신이 최후의 날에 무언가를 바로잡고 대화를
하려고 할 때 성실이나 평화가 얼마나 중요합니까? 당신이 남의 시선
을 신경쓰지 않고 과감한 행동이나 금지된 일을 하려고 할 때 창의성
이나 기쁨이 얼마나 중요합니까? 당신이 언급한 모든 항목을 토대로
하는 욕구를 점검하십시오.

우리가 이러한 욕구와 소망을 둘러싼 서커스를 개최하는 이유는
사람들이 그것에 접근하는 길을 상당 부분 잃어버렸기 때문입니다.
운석과 충돌하기 7일 전, 우리의 의뢰인 크리스티네와 알렉스는 어떻
게 할까요?

운석이 지구에 부딪히기 전에 크리스티네는 딸 레나와 대화를 나눕
니다. 그녀는 직접 만나서 또는 전화로 모든 친구, 친지, 동료와 작별을
고합니다. 그런 다음 그녀는 최후의 날에 함께 삶의 의미에 대해 곰곰 생
각하기 위해 남편, 두 아이와 바다로 여행을 떠납니다.

크리스티네가 상상하는 것으로부터 무엇보다도 다음의 욕구가 도출될 수 있습니다. 성실, 평화, 친밀감, 의식, 휴식, 정신성, 지원.

알렉스는 포르셰 자동차를 사서 3일간 독일을 두루 돌아다니며 마음에 드는 모든 사람과 장소를 찾아다닙니다. 그는 애완동물 센터에서 큰 개 두 마리를 데리고 아내, 부모와 함께 문을 열어놓은 자기 집으로 되돌아갑니다. 그는 자신이 사랑하는 사람들과 함께 최후의 날들을 축하하기 위해 가까이 지내는 모든 사람을 초대합니다.

알렉스가 상상하는 것으로부터 다음의 욕구가 도출될 수 있습니다. 재미, 명랑, 친밀감, 보호받음, 집, 축제, 소속감.

이제 모든 영역에서 욕구를 철저히 살펴본 후에 또 한 걸음 더 나아가려 합니다.

우리는 욕구 그 자체가 완전히 상이한 방식으로 충족될 수 있고, 구체적 입장, 상상, 소망, 해결책과는 전혀 무관하게 충족될 수 있음을 이미 암시했습니다. 그다음으로 상호 간의 욕구 보상이라는 핵심적인 해결방식을 제시했습니다.

갈등을 겪을 때 일반적으로 우리는 구체적인 입장으로, 그리고 그 입장을 토대로 한 아주 구체적인 해결책으로 한정되는 경향이 있습니다. 우리는 이러한 매우 특수한 해결책만이 욕구를 충족시키는 유일한 가능성이라고 생각합니다. 이때 우리는 자신의 상태를 신중하게 살피지 못합니다. 우리의 욕구란 자세히 관찰해보면 다양한 제안에 반응할 수 있는 그리 특수하지 않은 경향입니다.

우리가 욕구를 마음껏 즐기려는 것과 무관하게 순수하고 냉정하게 관찰할 때에야 비로소 해결의 여지가 생깁니다. 이렇게 해서 우리는 다양한 삶의 영역을 통일할 수 있습니다. 이는 구체적으로 다음을 의미합니다.

욕구 충족

식욕	1. 아침식사
	2. 스시 체험
	3. 초콜릿
	4. 칩
	5. 아이스크림
	6. 파리의 일곱 가지 코스 메뉴
	등등

표에서 보는 것처럼 우리의 식욕은 무수한 구체적인 가능성을 통해 실현될 수 있습니다. 결국 우리는 언제나 배부르게 됩니다. 다음의 테스트를 해보고, 당신의 창의적 욕구를 위한 적어도 다섯 개의 구체적인 충족 방법을 찾아보십시오.

창의성	1.
	2.
	3.
	4.
	5.
	6.
	7.

우리에게는 자신을 위한 다음과 같은 가능성이 저절로 생각납니다. 우리의 진료실 인테리어를 바꾸고, 새 책을 쓰고, 서로의 머리를 잘라주고, 다음 쾰른 카니발을 위한 의상을 구상하고, 우리의 홈페이지를 현실화하는 것 말입니다.

당신은 욕구 충족에는 한계가 없음을 알게 됩니다. 그런 사실이 지금 우리가 다양한 삶의 영역을 좀 더 자세히 관찰하도록 확실한 동기부여를 해줍니다. 우리는 어떤 영역에서, 어떤 역할을 할 때 어떤 욕구가 어떻게 실현될 수 있는지 시험해보려고 합니다. 그리고 무엇보다도 영역의 충족이 자동적으로 다른 영역과 부분 정체성에 어떤 영향을 미치는지 시험해봅시다.

30대 중반의 친절한 여성이 인정을 받으려는 강한 욕구가 있다면, 그녀가 한 가정의 어머니라면, 그녀가 중견기업에서 반일 근무를 한다면 어떨까요. 그런 경우 그녀는 어머니로서뿐만 아니라 직원으로서도 각기 100퍼센트 이상을 해내야 한다고 생각합니다. 적어도 그녀는 외부로부터 그런 압력을 받습니다.

여기에 커다란 오류가 있습니다. 그녀의 욕구 그 자체가 충족되는 것으로 충분하다는 것, 그녀의 욕구는 어머니, 직원 또는 그 밖의 역할과 무관하게 존재한다는 것입니다. 여기에서 다음과 같은 결론이 나옵니다.

어떤 욕구는 그때그때의 역할과 무관하게 실현될 수 있다.

그리고 이제 우리 작업의 하이라이트가 상호 간의 보상과 함께 시작됩니다. 아마도 30대 중반의 그 여성은 인정받으려는 욕구 말고도 친밀감에 대한 또 다른 강한 욕구를 갖고 있을지도 모릅니다. 그럴 경우 그녀는 아이들, 친지, 친구 들로부터 인정받기 위해 어머니 역할에 충실하겠다고 결정할 수 있습니다. 이와 동시에 친밀감에 대한 그녀의 욕구가 수면 위로 올라옵니다. 그녀의 욕구는 그것으로 충족 상태가 됩니다.

그녀가 집에서 인정과 친밀감을 통해 경험하는 좋은 감정, 기쁨과 만족감이 그녀 내부에 있습니다. 그녀는 자신이 언제 어디에 있든 상관없이 자신의 욕구를 역할과 무관하게 그때그때의 맥락 속에 옮길 수 있습니다.

그녀가 자신의 가족을 통해 긍정적으로 체험하는 것이 감정을 따라 그녀의 직업 속으로 '흘러 들어갈' 수 있습니다. 그럴 경우 그녀가 직업에서 반일 근무라 근무시간의 50퍼센트만 참여하기로 되어 있으므로, 자신이 가진 에너지의 50퍼센트만 발휘해서 그냥 일을 잘해내는 것으로 족합니다. 그때 더 많이 일할 필요가 없습니다. 그녀의 욕구는 영역과 역할에 관여함으로써 보상됩니다. 욕구는 일회적이고도 원칙적으로 존재합니다. 열 개의 영역이나 열 개의 역할에서 단번에 그리고 매번 욕구를 100퍼센트 넘게 실현하는 것은 전혀 필요치 않습니다.

우리는 매일같이 많은 의뢰인을 만나고, 그들의 개별적인 상황 안에서 코칭합니다. 코칭이 끝날 때면 모두 자신의 해결책을 발견하여, 만족하고 행복하게 계속 살아갑니다. 그것은 이런 결과로 나타날지도 모릅니다.

- 가정에서 '친밀감, 보호받음, 가치평가'를 실현하기 위해 직업에 최소한의 시간을 투자하기로 결정하는 세 자녀의 젊은 아버지.
- 창의성이나 즐거움의 욕구를 실현하기 위해 외국의 매력적인 일자리를 받아들여, 가족과 멀리 떨어져 살기로 결정하는 30대 후반의 여성.
- 때때로 인터넷에서 알게 된 사람들을 식사에 초대하는 식으로 즐거움을 얻고, 최대한의 인정과 안정을 실현하기 위해 일주일에 80시간을 일하기로 결정한, 홀로 자녀를 키우는 소프트웨어 회사의 대표.

이런 모든 사례를 보며 우리는 어쩌면 이렇게 생각할지도 모릅니다. '어떻게 그럴 수 있을까?' '어째서 그렇게밖에 살 수 없을까?' '그렇게 직업에 뛰어드는 것이 과연 건강할까?' 하지만 실상은 당신의 우려와 다릅니다. 이런 사람들은 더할 나위 없이 행복하답니다. 그들은 그때그때 그리고 무엇보다도 자유롭게 선택한 생활에 조금도 시달리지 않습니다. 오히려 그 반대입니다. 이런 사람들이 행복한 이유는 그들은 자신의 욕구가 100퍼센트 실현되도록 삶의 계획을 구상하기 때문입니다.

우리는 자신의 입장에서 이런 사람들이 행복할 수 없을 거라고 단정하고 결론 내릴 때가 종종 있습니다. 이미 앞에서 상세히 거론한 바 있는 '집단 정체성'과 '투사投射' 현상을 생각해보십시오. 앞에서 기술한 사람들이 구체적으로 행하는 대로 그들의 삶을 만들어가는 것은 애당초 우리 자신과 아무런 관계가 없습니다. 단지 다른 사람들이 잘 살아간다고 해서 우리가 우리의 삶을 다른 사람들과 똑같이 살아야 한다는 반대 투사도 결론으로 적합하지 않습니다.

하찮은 미물에게도 나름대로 즐거움이 있는 법입니다. 당신이 자신의 조그만 즐거움을 발견하도록 안내하겠습니다.

작별의 카운트다운이 시작되었다

－

심리학에서 우리는 내부로부터 동기 부여된 욕구와 외부로부터 동기 부여된 욕구를 구별합니다. 삶의 모든 것이 늘 그렇듯이 여기에도 흑백만 존재하는 것은 아닙니다. 다시 말해서 내부 원인적인 욕구와 외부 원인적인 욕구 사이의 경계가 불분명합니다. 그러므로 한편으로 (아직) 내부에 있는 욕구와 다른 한편으로 별로 드러내고 싶지 않은 또는 심지어 벗어났으면 하는 욕구가 목록에 포함될 수도 있습니다.

우리가 만났던 의뢰인 중에 부모의 성과 요구에 상당히 시달렸던 사람이 있었습니다. 그는 시일이 흐름에 따라 인정받으려는 욕구가 점점 더 강해졌습니다. 그는 직업에서 거의 '초인적인' 성과를 냄으로써 그 욕구를 실현하려고 했습니다.

다른 여성 의뢰인은 다섯 살에 양부모의 집에 들어가게 되었습니다. 거기서 그녀는 제대로 융화하지 못했고, 진정으로 받아들여진 느낌을 받지 못했습니다. 그녀는 엄청난 친밀감 욕구에 시달렸고 수많은 남자와 관계를 맺음으로써 그것을 충족하려고 했습니다.

어떤 남자는 일곱 살 때 큰 사고를 당해 일 년간 완전히 깁스를 하고 가족과 떨어져 홀로 병원에서 지내야 했습니다. 그는 움직이고 싶다는 지나친 욕구에 시달렸고 성인이 된 후 관절이 닳을 정도로 익스트림 스포츠에 집착했습니다.

당신도 이와 유사한 경우가 있었다면, '이것이 내게 더 이상 이롭지 않다' '원래 나는 그것을 전혀 원하지 않는다' '사실 저 일은 마음에서 우러나서 한 것이 아니다'라는 것을 깨닫고, 작별을 고할 시간입니다. 당신은 두 가지 방식으로 이러한 작별을 할 수 있습니다.

작별하기

1. 감정과 욕구를 매우 진지하게 받아들이십시오. 그것은 나의 중요한 일부분이었습니다. 그것은 존재할 자격이 있고, 오랜 세월에 걸쳐 내게 안정을 주었습니다. 이러한 감정과 욕구가 당신에게 선사하는 이점을 평가하십시오. 감사하게 생각하십시오.

2. 놓아주십시오. 이러한 놓아주기를 수월하게 하기 위해 당신은 예컨대 다음과 같은 질문을 스스로에게 할 수 있습니다.

   * _____ (여기에 당신이 작별하려고 하는 욕구를 넣으세요)이 좀 더 작은 역할로 축소되려면 무엇을 해야 할까?
   * 어떤 조건 아래에서 나는 _____이 없이도 살 수 있는가?
   * 나는 _____을 위해 어떤 대안을 발견할 수 있는가?
   * 다른 사람이라면(교황, 팝스타, 가까이 지내는 인물, 화성인과 같은 상이한 권위자를 넣고 여러 가지로 곰곰 생각해볼 수 있습니다) _____로부터 어떻게 벗어날까?
   * _____가 내게 중요한 위치를 잃었다는 사실을 무엇으로 알아챌 수 있을까?

앞에서 언급한 경우에 예컨대 작별은 부모나 남매와 대화를 나누거나, 정신적 외상을 주제로 친구나 파트너와 솔직하게 대화를 나눔으로써 쉬워질 수 있었습니다. 그 인물이 혹시 연락이 끊겼거나 이미 사망해서 직접적인 대화가 불가능하다면 적절한 인물에게 편지를 보내는 것도 유익할 수 있습니다.

예를 들어 스트레스, 나쁜 감정, 분노나 비판이 존재하는 상황을 상상해 보십시오. 당신이 어릴 때나 젊을 때, 또는 바로 얼마 전에 다른 사람들이 당신에게 기대한 것과 다른 어떤 일을 혹시 당신이 했거나 방치했기 때문에 그런 상황이 되었을지도 모릅니다. 아마 당신이 한 일이 상대방의 한계를 넘었기 때문에 그 사람은 친절하고 조심성 있게 행동할 수 없었습니다. 이러한 모습을 상세히 묘사해보십시오.

그런 다음 그때 그 장면 속으로 들어가 그 상대방의 팔을 사랑스럽게 잡고 쓰다듬으며 다음과 같이 사랑스러운 말을 건네십시오.

- "나는 너를 완전히 이해해."
- "난 네 곁에 있어."
- "넌 훌륭해."

이어서 누가 어떤 역할을 수행하고, 당신에게 영향을 끼쳤든지 간에 부모, 남매, 배우자, 친구, 상관, 동료와 같은 이 장면에 등장하는 '다른 인물들'도 용서하십시오. 과거의 한 장면을 회상하는 경우 대략 좋은 감정이 생길 때까지 이런 훈련을 며칠 동안 자주 반복하는 것이 중요합니다.

이런 훈련은 자기애의 방향에서 중요한 발걸음입니다. 당신은 이러한 체험을 받아들이면서 과거를 극복할 수 있습니다. 자신이나 주변 사람들과 화해하십시오. 그런 연후에 당신은 자신이 벗어나려 했고, 괴롭힘을 당했던 일에 최종적으로 작별을 고할 수 있습니다. 여기에서 꿈을 통한 치료법에서 유래한 아주 효과적이고 편안한 기법이 우리를 도와줍니다.

의도적인 추방

먼저 이 짧은 글을 읽은 다음 두 눈을 감고 마음속으로 한 걸음 한 걸음 나아가보세요.

1. 작별하고 싶어 하는 감정이나 욕구를 말하십시오.
2. 그런 다음 이 감정이나 욕구가 떠오른 상황을 상상하십시오.
   그 상황이 녹화된 필름을 되감고 이 필름을 마음속으로 불태우십시오.
3. 이 영상이 든 DVD가 있다고 생각하고, 로켓에 실어 달나라에 보냅니다. 그 로켓이 날아가는 것을 보면서, 안에 든 내용물과 함께 그것이 점점 더 작아져서 완전히 시야에서 사라질 때까지 계속 지켜보십시오. 카운트다운이 시작됩니다.

이때 당신이 좋은 감정으로 작별하고, 수년 동안 이런저런 감정을 느꼈거나 이런저런 일을 한 것을 단죄하지 않는 것이 가장 중요합니다. 또 과거에 있었던 일이 당신의 지금까지의 삶에 중요하고 옳은 것이었음을 받아들이는 것이 가장 중요합니다. 이별하고 새로운 지평을 여는 것은 무척 정당합니다. 이제 당신에게 다른 일이 중요한 새 순간이 시작되었습니다.

새로운 생활 설계의 구체적인 단계에 가기 전에 이제 마지막 두 걸음을 내디디겠습니다.

당신의 가장 중요한 다섯 가지 욕구

step one 최종적인 욕구 카탈로그를 작성하십시오.

그것은 우리 모델의 세번째 단계입니다. 욕구 목록을 집어 들고, 앞 장 덕분에 마음속으로 확인할 수 있었던 모든 욕구를 모으십시오. 다음으로는 모든 욕구를 중요도에 따라 평가하면서 서열을 매기십시오. 이 서열을 확정하는 사람은 당신 자신입니다. 당신의 가슴에 물어보십시오. 그걸 넘어서서 당신이 상이한 역할을 하는 경우 어떤 욕구가 빈번하게 나타나는지 횟수를 세면서 확인해볼 수도 있습니다. 그것은 이런 욕구가 당신에게 특히 중요하다는 표시일 수 있습니다. 그에 이어서 해결책을 발견하기 위해 우리는 당신의 가장 중요한 다섯 가지 욕구를 이용하려 합니다.

알렉스의 경우는 다음과 같습니다.

1. 인정/가치평가
2. 성실/진정성

3. 신뢰

4. 지원

5. 친밀감/보호받음

크리스티네는 다음과 같은 것을 중시합니다.

1. 친밀감/보호받음

2. 인정/가치평가

3. 정신성

4. 경쾌함/기쁨

5. 평화/조화

step two 생활 영역 혹은 역할 중 어떤 것이 특히 소중한지 곰곰 생각해 보십시오.

그것은 지금까지의 상황뿐만 아니라 미래에 바라는 것과도 관계됩니다. 구체적인 형태와 완전히 무관하고, 즉흥적이고 감정에 따른 강박으로부터 순수하게, 당신은 앞으로 어떤 영역이나 역할에 더 많은 에너지와 더 많은 정열을 쏟고 싶나요? 당신이 지금 모든 것을 시작지점으로 되돌릴 수 있다면 어디서 가장 기꺼이 시작하고 싶나요? 어떤 역할을 강화하고 싶나요? 어떤 역할에 되돌아가고 싶나요? 여기서도 당신의 모든 영역과 역할을 중요도에 따라 평가하면서 서열을 매기십시오. 예컨대 크리스티네는 자신의 가족이 특히 소중하다고 밝힙니다. 반면에 알렉스는 자신의 직업 활동을 매우 높게 평가합니다.

자기분석 결과 다음과 같은 사실이 드러납니다. 우리는 지금까지 알려진 것 이상으로 훨씬 다층적인 존재입니다. 각 개인은 십수 개의 역할을 동시에 해내고 있습니다. 끝에 가서 조화로운 역할 규범 속으로 옮겨가기 위해 이러한 역할을 부각하고 그 진가를 인정하는 것이 필요합니다.

　　이러한 욕구의 심층 영역에서는 우리의 다양한 역할이 실은 그렇게 상이하지 않다는 사실이 드러납니다. 그 때문에 생활 영역을 단순히 바꾸는 것이 문제를 위한 해결책이 될 수 없습니다. 그렇지만 우리가 지속적으로 철저히 만족할 수 있는 심리적인 트릭이 있습니다. 우리의 역할과 그것에 상응하는 욕구는 서로 간에 충족될 수 있습니다. 욕구 보상의 이런 모델이 그러한 해결의 핵심입니다. 이제 필요한 것은 구체적이고 일상에 유용한 실행 전략뿐입니다.

9장

오로지 나만을 위한 삶을 설계하다

이제 당신이 크고 흰 종이 한 장을 손에 쥘 순간이 왔습니다.
이 커다란 종이가 이제 당신의 삶입니다.
아직은 완전히 백지 상태입니다.
당신은 삶의 디자이너이며,
관리하고 마음대로 설계할 수 있습니다.

미래의 나의 삶은 어떻게 될까?
위의 주제로 브레인스토밍을 시작합니다.
이럴 경우 세 가지 점을 유의해야 합니다.

1. 무슨 아이디어든 다 중요합니다.
즉흥적이고 창의적이며 거리낌 없는 마음으로 생각해보세요.
평가는 (좋든 나쁘든, 옳든 그르든, 현실화할 수 있든 등등) 반드시 나중에 가서야 하십시오.
2. 되도록 구체적인 입장을 취하십시오.
예컨대 당신이 '즐겁다'고 기록하기보다는
'일주일에 한 번 스카이다이빙을 한다'고 하면 더욱 유용할 것입니다.
3. 크게 생각하십시오.
당신의 행복을 위해 '장관'이나 '우주비행사'가 되겠다는 아이디어라면
그것을 종이에 적으십시오.

테니스공을 내뿜는 기계처럼 아이디어가 하나하나씩 떠오르게 하십시오.
알렉스와 크리스티네는 브레인스토밍에서 어떤 아이디어를 얻게 되었을까요?

알렉스의 제1라운드

- 부모 집으로 이사 가기
- 사표 쓰기
- 리자와 끝내기
- 개를 사서 키우기
- 아이를 얻기
- 가사를 돌보는 사람이 되기
- 운동을 더 하기
- 독립적으로 되기
- 술을 끊기

알렉스는 '사표 쓰기'나 '리자와 끝내기'라는 항목을 적을 때는 흠칫 놀랍니다.
이 순간 그는 보통의 경우에는 결코 허용하지 않았을 자신의 생각에 깜짝 놀랍니다.
여기에서 '사표를 쓰는 것은 위험하다'거나 '어떤 결정을 내리고 나면
영원히 되돌리지 못한다'고 말하는 생각들이 다시 영향을 미칩니다.
종이 위에서는 모든 것이 허용된다고 분명히 설명해주는 것이 중요합니다.
가치평가는 나중에 가서 하십시오.
기록한다고 해서 그것이 아직 실행되는 것은 아닙니다.

크리스티네의 제1라운드

- 레나가 집을 나가는 것
- 마티아스의 진료실을 매각하기
- 진료실에서 협력하기
- 인력 관리 일을 그만두기
- 바다로 여행 가기
- 집을 매각하기
- 카린 집에서 살기
- 레나와 대화하기

크리스티네는 브레인스토밍에서 오히려 머뭇거리고,
오랫동안 이것저것을 숙고하며, 아이디어의 장단점을 이리저리 따져봅니다.
우리는 마음을 풀고 그냥 모아보라고 주문합니다.
이로써 우리는 이제 어떻게 해야할지 어느 정도 알게 됩니다.
우리는 다음 라운드에 들어갑니다. 마침내 당신의 삶이 메인 화제가 됩니다.

오로지 나만을 위한
삶을 설계하다

화성인에게 나의 미래를 묻는다면?

—

이제 '나의 미래는 어떻게 될까?' 나 '캥거루'와 같은 키워드를 바탕으로 완전히 자유롭게 연상을 해보십시오. 즉흥적으로 떠오르는 생각은 무엇입니까? 당신의 삶과 캥거루가 서로 무슨 관계가 있을까요? 당신의 목록을 계속 작성해보세요.

알렉스는 호주로 이주해서 벼락출세를 하고, 가정에 충실한 남자가 되어 '주머니' 속에 미래의 자녀를 넣고 다니고, 복싱으로 긴장을 풀고, 사장을 두들겨 패는 상상을 합니다. 크리스티네는 자신의 목록에 스카이다이빙을 감행하고, 큰 걸음을 내딛고, 여자친구와 좀 더 자주 동물원에 가겠다고 추가합니다.

이러한 '키워드 기법'으로 우리는 새로운 공간을 열고, 새롭게 거꾸로 사고하도록 우리의 뇌를 자극합니다. 당신은 예컨대 '꽃'이나 '열기구'처럼 질문과 직접적으로 연결되지 않는 한, '캥거루' 대신에 긍정적인 의미의 다른 단어를 선택할 수도 있습니다.

'나의 삶은 앞으로 어떻게 될까?' 라는 당신의 주제를 다루면서 '화성인은 내게 무슨 충고를 할까?' 라는 질문에 답하십시오. 당신의 목록을 새로 계속 작성하십시오.

이러한 관점 변화는 사람을 창의적으로 만듭니다. 당신은 개미의 관점, 팝스타의 관점 또는 어느 누구의 관점이라도 받아들일 수 있게 됩니다. 화성인은 알렉스에게 그의 사장을 광선총으로 쏴 없애버리고, 리자를 세뇌시키고, 우주선을 타고 좀 더 자주 부모님을 찾아가라고 충고합니다. 크리스티네는 딸 레나를 가사 보조인으로 낯선 별에 보내고, 그냥 화성으로 도망치고, 병원에 무중력 상태를 도입하고 싶은 충동을 느낍니다.

이제 당신이 기록한 것을 당신의 욕구와 연결해보겠습니다. 당신의 가장 중요한 다섯 가지 욕구 카탈로그를 손에 쥐십시오. 우리가 앞에서 욕구 충족을 구체적으로 보여주었던 것과 유사하게, 아주 일반적으로 적절한 욕구를 위해 각기 다섯 가지 원칙적인 충족 가능성을 완성할 수 있습니다.

예컨대 크리스티네는 인정받겠다는 욕구를 비교적 높게 평가하고 있습니다. 그녀는 다음과 같은 것의 실현 가능성을 아주 원칙적이고 우선적이라고 봅니다.

인정	· 여사장의 칭찬
	· 남편으로부터
	· 아이들과의 좋은 관계를 통한
	· 명예직
	· 요헨의 학교 활동에 참여하기

그런 다음 당신의 다섯 가지 가장 중요한 욕구들 각각을 위해 완성한 해결책을 지금까지의 여러 제안이 담긴 큰 종이에 옮기십시오. 이제 아이디어를 모은 후에 지금까지 완성한 것이 당신에게 어느 정도나 적절하고 맞는지 살펴볼 차례입니다.

우리는 배아 상태에서 창의적이고 혁신적인 발상의 싹을 잘라버리지 않도록 조심하라고 요청한 적이 있습니다. 이제 당신의 가장 중요한 다섯 가지 욕구 카탈로그를 준비하십시오.

알렉스의 경우는 다음과 같습니다.

1. 인정/가치평가
2. 성실/진정성
3. 신뢰
4. 지원
5. 친밀감/보호받음

크리스티네의 경우는 이렇습니다.

1. 친밀감/보호받음
2. 인정/가치평가
3. 정신성
4. 경쾌함/기쁨
5. 평화/조화

크리스티네는 원칙적으로 직업적인 참가를 하기로 결정합니다. 친밀감과 인정은 그녀에게 많은 것을 의미합니다. 물론 그녀는 오히려 가족에게서 이런 점을 느끼면서 살아가고 싶어 합니다. 알렉스에게는 인정과 가치평가가 전적으로 그의 주제임이 분명해집니다. 알렉스는 인생의 일정 기간을 출세에 투자하겠다는 아이디어에 원칙적으로 집착합니다. 그는 거기서 충족된 욕구와 그 결과로 생긴 긍정적인 감정을 그의 사생활에 옮기고 싶어 합니다.

더구나 당신은 그사이에 어떤 삶의 영역 내지는 어떤 역할이 당신에게 특히 중요한지 시험했습니다. 이제 당신이 생각하고 제시한 자신의 해결 아이디어를 평가할 차례입니다. 그러기 위해 몇 걸음 더 앞으로 나아가십시오.

1. 플러스. 원칙적으로 새로운 삶에 첨가하고 싶은 해결책 뒤에 따옴표를 하십시오.
2. 마이너스. 자신에게 알맞지 않은 해결책은 삭제하십시오. 그렇지

만 너무 섣불리 행동하지 마십시오. 왜냐하면 아주 중요하고 성공을 약속하는 세번째 가능성이 있기 때문입니다.

3. 계속적인 발전. 당신이 생각하기에 해결책이 너무 비현실적이고, 비용이 많이 들고, 너무 무모하다고 생각되어 어떻게 실행에 옮겨야 할지 물론 알지 못하지만, 원칙적으로 썩 당신 마음에 드는 해결책 뒤에 물음표를 하십시오.

우리는 물음표로 표시된 이 해결책을 계속 발전시키려 합니다. 이를 일목요연하게 설명하기 위해 두 가지 예를 들겠습니다.

알렉스는 원칙적으로 상관인 페터를 두들겨 패겠다는 원래 생각에 깊은 인상을 받았습니다. 그는 이런 해결책을 감정상 잘 이해하고 있습니다. 그렇지만 그는 우려되는 결과를 고려하여 신중을 기하기 위해 이 해결책을 카테고리 3으로 가져갑니다. 그는 이 과정에 영감을 받아 다음과 같이 더 좋게 발전되고 보다 현실적인 해결책을 얻게 됩니다.

a. 상관과의 대화

b. 필요한 경우 그 상관의 상사가 참석한 자리에서

c. 그래도 아무런 결실을 거두지 못하는 부득이한 경우 페터를 골탕 먹일 수 있는 음모를 꾸민다.

리자를 세뇌하려는 생각도 그를 무척 즐겁게 합니다. 하지만 그로서는 자기 의견을 가진 자율적인 아내를 원하므로, 이 해결방안도 카테고리 3에 넣어 더 좋게 발전시킵니다.

　　a. 심도 있는 대화를 나눈다.

　　b. 부부 치료를 받는다.

　　c. 함께 휴가를 간다.

　　d. (되도록 눈에 띄지 않게) 리자와 제일 친한 여자친구에게 의견을
　　　 물어 그녀에 대해 몇 가지를 알아낸다.

우리가 '그것은 도저히 안 되겠어' '너무 비싸' '금지된 거야' 또는 '위험해'라고 생각하기 때문에, 보기에는 상식의 틀에서 벗어나는 많은 해결책이 있습니다. 하지만 두번째 발전된 방안에서는 변화된 모습들이 드러납니다. 무엇보다도 효과적인, 목적 지향적인 해결 방안들입니다. 크리스티네가 자신을 위해 어떤 해결책을 마련했는지 함께 살펴보기로 합시다.

가족은 내년 안으로 녹지대에 있는 집을 팝니다. 그녀는 남편 마티아스, 아들 요헨과 함께 작고 관리하기 쉬운 임대주택으로 이사합니다. 딸 레나는 부모의 도움을 받아 독립할 아파트를 구합니다. 그전에 크리스티네와 레나는 함께 보낸 삶의 한 시기를 두고두고 추억하고자 충분히 대화를 나눕니다. 크리스티네와 남편은 집을 매각한 자금으로 10년 내로 발트 해의 호젓한 곳에 있는 부동산에 투자합니다. 그들은 노년에 그곳에서 조용히 쉴 계획입니다. 그들은 그곳을 적절한 새 고향으로 삼기 위해 다음 몇 년 동안 되도록 그곳에서 많은 시간을 보냅니다.

마티아스는 50대 중반에 치과 진료실을 팔고 은퇴생활에 들어갑니다. 그때까지 크리스티네도 마찬가지로 일을 합니다. 그녀는 인력 관리인 교육 비용 2800유로를 병원에 보상하고, 이 일에서 '벗어'납니다. 그녀는 50퍼센트의 근무를 하면서 다시 완전히 간호 업무로 돌아갑니다. 이리하여 그녀는 관리 업무를 한 대가로 받은 동료들의 무시와 갈등을 피하게 됩니다. 이와 동시에 그녀는 환자와 직접 만남으로써 다시 더 많은 친밀감과 인정을 체험합니다.

가정에서도 더 많은 인정과 가치평가를 체험하기 위해 그녀는 남편에게 가사에 드는 비용을 분명히 보여줍니다. 그녀는 부득이한 경우 둘이 번 수입으로 가사 도우미를 한 명 쓰겠다고 남편에게 제안합니다. 그다음 크리스티네는 요헨의 자주성을 길러주기 위해 아들의 학교 일을 돌봐주는 데 더욱 신경을 씁니다. 그에 대한 반대급부로 그녀는 아들에게 일상적인 일을 더 많이 도와달라고 부탁합니다.

크리스티네는 최근에 우정을 소홀히 한 죄를 고백하고 친한 친구인 카린에게 용서를 구합니다. 그녀는 코칭 결과의 배경에 대한 전체 상황을 친구에게 설명합니다. 그녀는 운동을 위해 매주 하루 저녁을 비워둡니다. 그런 후에 그녀는 친구와 둘이 같이 식사하고 차나 술 한 잔을 마실 수 있게 시간을 냅니다. 적어도 한 달에 한 번 토요일에 카린을 만나 함께 소풍을 가거나 근교 나들이를 합니다.

알렉스는 다음과 같은 생활 설계를 합니다. 원칙적으로 그는 향후 2, 3년 동안 자신의 이력을 대폭 발전시키겠던 원래 계획을 고수합니다. 그러기 위해 그는 먼저 페터와 허심탄회한 대화를 나눕니다. 필요하다면 페터의 상관이 있는 자리에서 대화를 나누어도 무방합니다. 이러한 전략이 결실을 거두지 못할 경우를 위한 플랜 B도 구상해두었습니다. 일을 위해 체력을 비축하고 인정과 가치평가를 얻기 위해 알렉스는 주말에만 술을 마십니다. 그는 일주일에 두 번 출근 전에 조깅을 하고 토요일 오전에는 일부러 멀리 걸어 헬스클럽에 갑니다. 그는 리자와 그들의 관계나 미래 계획에 대해 솔직하고 진지한 대화를 나눕니다. 그는 기업 컨설턴트직을 그만둔 후에 기업체에 들어가고 기꺼이 아버지가 되겠다고 약속합니다.

그는 아버지로서 재정적인 안정과 복지를 제공하고 싶으므로 2, 3년쯤 참아달라고 부탁합니다. 나아가 알렉스와 리자는 그들이 아직 얼마나 친밀한지, 얼마나 함께 제대로 해나가는지 시험하기 위해 4주간 프랑스에서 휴가를 함께 보냅니다. 그들은 휴가의 마지막 주에 가족 관계를 돈독히 하기 위해 알렉스의 부모님을 초청합니다. 알렉스는 한 달에 두 번씩 정규적으로 함부르크에 있는 부모님을 찾아가기로 자신의 계획을 조정합니다.

알렉스와 리자는 개를 키우기 전에 미리 경험해보는 의미에서, 알렉스가 호텔에 있을 때 주중 저녁에 리자의 친구 역할을 해줄 수 있는 고양이 한 마리를 동물병원에서 입양합니다. 알렉스와 리자는 매달 한 번씩 주말에 두 사람이 공통적으로 아는 친구들을 다시 만나고, 그 외의 주말에는 반드시 둘만의 시간을 보냅니다. 알렉스는 리자와의 관계를 계속하려 하지만, 자신의 해결책이 뜻대로 되지 않으면 부득이한 경우 헤어질 마음의 준비를 합니다. 그는 소원인 포르셰를 사기 위해 저축을 시작합니다.

내 삶이기에, 전적으로 내 취향에 따라
_

이젠 과거를 결국 과거로 놓아둘 시간이 왔습니다. 지금은 당신이 어떤 모습을 목표하는지가 중요합니다. 카드, 연필 등을 새로 준비하세요. 다시 책상에 가거나 바닥에 앉아 아무런 방해를 받지 않고 일을 할 수 있도록 하십시오.

새로운 해결책으로 당신 원래의 현재 모습을 조정하십시오. 지금까지 그랬던 그대로 머무를 수 있거나 머물러야 하는 영역과 상황을 넘겨받으십시오. 이어서 앞의 작업을 통해 발견한 새로운 종류의 온갖 해결 방안을 고려하며 보충하십시오. 특히 이때 다음 사실을 기억하시기 바랍니다.

- 사장, 동료, 고객과 같은 직업/회사와 관련되는 인물들
- 이성 관계, 결혼, 애정 문제
- 가족/또는 시집이나 처가, 친정 식구
- 필요한 경우 자녀들
- 취미, 열정, 여가시간에 하는 일, 그에 관련되는 인물들
- 친구와 아는 사람들
- 그 밖에 단체나 명예직과 같은 일시적으로 몸담았던 역할

배열이 생활 영역과 인물 사이의 관계에 상응하도록 카드를 새로 놓으십시오. 모든 것에 제법 적절하게 이름이 지어지고, 상황이 어울립니까? 되도록 구체적으로 기술하십시오.

다음 페이지에서 크리스티네와 알렉스가 자신을 위해 어떤 모습을 발전시켰는지 보십시오. 첫째로 다음 사실이 가장 중요합니다.

- 당신의 해결책이 얼마나 잘 작동하는지 시험하십시오. 그러는 데에는 현재의 욕구 카탈로그가 도움이 됩니다. 새로운 삶을 눈앞에 그리고, 또한 욕구가 얼마만큼 실제로 충족되었는지 시험해보십시오.
- 그에 상응하도록 카탈로그에 표시를 하십시오.
- 특정한 욕구가 바라는 만큼 충분히 충족되지 않았음을 확인하면 살짝 기울여 놓으십시오.
- 욕구 충족의 원칙적인 가능성을 곰곰 생각하고, 앞의 "하찮은 미물에게도 나름대로 즐거움이 있는 법이다"에서 행한 걸음을 되풀이 하십시오.

크리스티네는 예컨대 그녀의 카탈로그에서 자신이 정신적 안정에 대한 욕구를 더욱 강화하고 싶어 한다는 것에 주목합니다. 즉 그녀는 수도원 생활이 자신에게 어떻게 작용하는지 보기 위해 주말 동안 친구 카린과 수도원에 들어갈 생각을 합니다. 비록 그 일이 너무 세분되었다고 생각되더라도 비판하지 말고 그냥 조용히 지켜보십시오. 향후에 당신의 만족스럽고 행복한 삶을 생각하면 이런 비용은 아주 보잘 것없는 것입니다.

크리스티네와 알렉스의 목표 모습

크리스티네:

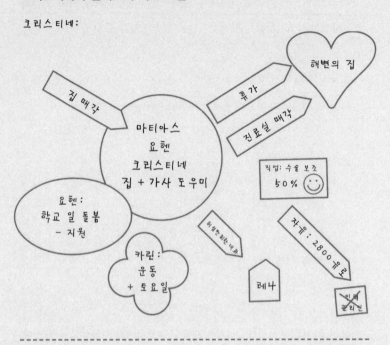

알렉스:

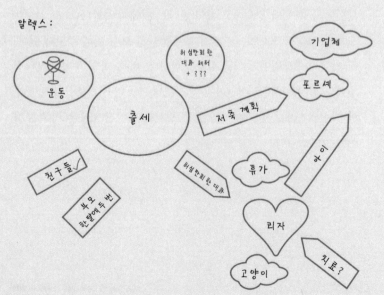

둘째, 당신의 해결책 스마트SMART 모델을 간략하게 표현하십시오.

스마트 모델

특수한(Spezifisch)	새로운 삶의 장면이 영화화된다면 어떤 장면들로 구성될까요?
측정 가능한(Messbar)	어떤 기준으로 목표 달성을 측정할 수 있을까요?
매력적인(Attraktiv)	그것이 어떻게 부정적이지 않고 긍정적으로 표현될 수 있을까요?
현실적인(Realistisch)	행동 가능성의 범위에서 그 목표가 어느 정도 가능할까요?
기간이 정해진(Terminiert)	언제 무엇이 누구에 의해 행해질까요?

크리스티네의 새로운 삶에서 스마트한 예를 구체적으로 살펴보기로 하겠습니다.

"우리가 자주 가는 이탈리아 식당에서 내일 저녁 7시에 저녁을 먹기로 오후 3시에 예약한다. 그곳에서 마티아스와 나는 집을 매각하는 문제를 상의한다. 개별적으로 가격, 중개인 선정, 매각 시기 등에 대해 대화를 나눈다. 우리 두 사람이 할 일을 분담한다."

알렉스의 새로운 삶에서 스마트한 예를 살펴보겠습니다.

"매달 둘째 토요일에 내 차를 몰고 함부르크에 있는 부모님을 찾아간다."

당신은 지금 당신의 새로운 전체 삶을 구성하는 모든 부분적 해결 방안이 기입된 스마트한 목록을 완성했을 겁니다. 지금 당신의 새로운 삶의 '목표 사진'을 찍으십시오. 이때 일을 마치기 직전까지도 당신의 잠재의식이 방해할 가능성이 여전히 있습니다. 우리는 이미 달갑지 않지만 안정을 암시하는 '강박과 갈등 구조'에 대해 말했습니다. 갑자기 당신에게 '그것은 어차피 제대로 되지 않는다'거나 이와 유사한 의심이 생긴다면 앞에서 말한 최악의 경우를 연구하십시오. 그렇게 되는 모습을 당신이 결코 원하지 않는다는 것을 늘 상기하십시오.

"○○가 되지 않는다고 말하는 자가 대체 누구인가?"

스스로에게 물으십시오. 또 한 번 이 책의 1부로 돌아가십시오. 강박에 의해 지배된 우리의 삶이 얼마나 어리석은지 다시 한 번 머릿속에 그려보십시오. '내가 A 대신에 그냥 B를 좀 시험해본다고 무슨 나쁜 일이 일어날 수 있을까?'라고 곰곰 생각해보십시오. '나의 지금까지의 전략이 얼마나 성공적이었는가?'라고 당신의 과거를 또 한 번 시험해보십시오. 그런 다음 계속 그대로 밀고 가십시오.

저항이 있는 곳에 길이 있습니다!

10장

행복을 위한 연습을 시작하다

여러분이 성실하다면 새로운 삶은 언제나 이미 존재했습니다.
그것은 자산으로서 각자 마음속 깊이 자리하고 있었습니다.
우리가 그것을 자각하지 않았을 뿐이지요.
우리는 전문가로서 단지 구조적인 면에서 여러분을 안내했을 뿐입니다.
자신이 직접 분석하고 새로 배치해서
조화로운 전체 모습으로 변형시킨 모든 정보,
그것은 마음 깊은 곳에서, 장기 기억에서, 잠재의식에서 나왔습니다.
새로운 삶은 단지 내 안에 숨어 있었을 뿐입니다.
이제는 그렇게 은폐된 모든 세세한 일을 당신이 어떻게
자연스럽게 이야기하도록 유도하느냐가 중요한 문제입니다.
즉 어떻게 새로운 삶의 국면으로 넘어가는 길을 트고,
필요한 경우 세분해서 미리 대비하는지가 중요한 문제입니다.
이때 다음과 같은 등급 부여 훈련이 도움이 될 것입니다.

수치판 위에서 당신의 지금 상태를 1로, 당신의 목표 상태를 10으로 보십시오.

지금 = 1 - 2 - 3 - 4 - 5 - 6 - 7 - 8 - 9 - 10 = 목표

스스로에게 물어보십시오.
내가 지금 2에 있다면 1에서 2로 발전하기 위해 무엇을 해야 할까?
또는 내가 지금 5에 있다면 6으로 올라가기 위해 무엇을 해야 할까?
당신은 그때그때 상황에 맞춰 질문을 달리할 수 있습니다.
당신이 자신의 새롭고 복합적인 전체 생활 모습을 작은 단위로 분해해서
일의 본말을 전도하는 데 트릭의 본질이 있습니다.
당신은 소위 역행 분석을 실시할 수 있습니다.
"내가 일 년 내에 10에 도달하게 되면 — 반년 내에 5에 있는 게 어떻게 보일까?"

행복을 위한
연습을 시작하다

새로운 삶의 구체적 모습을 시각화하라

—

이러한 방법은 창의적인 문제 해결의 심리학에서 유래합니다. 최종 목표를 크고 작은 중간 목표로 세분하는 것이 중요합니다. 그리하여 항시 전모를 파악하고, 필요한 경우 경로를 수정할 수 있으며, 스스로에게 쉽게 동기 부여를 합니다. 중간 목표를 점검하며 최종 목표까지 도달하는 것을 단계적으로 처리할 수 있기 때문입니다. 자아실현 경험을 돌이켜 생각해보십시오. 중간 목표를 정해놓으면 "난 이것과 저것을 지금 달성했어!"라고 스스로에게 말할 수 있습니다.

이처럼 목표를 달성한 것에 반드시 보상하라고 당신에게 권유합니다. 또한 이러한 기법은 습득 심리학에서 유래하는데, 이를 '조건반사'라고 부릅니다. 새로운 생활 계획에서 무언가를 실행하고, 제대로 노력해서 대단한 성공을 거두었다면 당신의 결정과 참여를 평가하고, 스스로 조건반사를 일으킬 수 있습니다. 자신에게 보답하고, 기꺼이 뭔가를 베풀고, 무언가 기분 좋은 일을 하십시오. 그러면 앞으로 더욱 적극적으로 참여하고, 더욱 동기 부여를 하며 일을 진척시킬 수 있습니다.

우리는 의뢰인 크리스티네가 딸 레나와 성공적인 대화를 나눈 후 런던으로 모녀 여행을 다녀온 것으로 보상을 받은 걸 알고 있습니다. 그리고 이로써 조건반사가 이루어졌습니다. 이 경우에도 자신의 상상력에 어떤 한계를 두지 않는 게 중요합니다. 이렇게 하면 자신 속의 더 많은 힘을 자연스럽게 발휘하도록 유도할 수 있습니다.

우리의 공동 작업이 잠정적으로 끝나가는 지금, 매우 효과적인 또 다른 방법에 당신이 익숙해지도록 하려 합니다. 시각화가 문제의 관건입니다. 우리는 특별한 방식으로 새로운 삶의 구체적인 모습을 가꿉니다.

시각화

이를 위해서는 앞에서 언급한 당신의 스마트한 해결책을 아주 상세하게, 온갖 색깔을 넣어, 그에 속하는 온갖 냄새와 함께 구체적으로 그려보십시오. 당신이 원하고, 지금 계획하고 있는 모든 것이 이미 갖추어진 가상 세계를 상상하십시오. 당신에게 중요한 모든 것, 당신을 감동시키는 모든 것이 이미 완전한 형태로 존재하는 곳을 말입니다.

창의적으로 행동하고, 넓은 차원에서 생각하고, 당신의 상상력을 마음껏 펼치십시오. 그사이에 무엇 때문에 자신의 소망에 응하지 못했는지 알게 됩니다. 지금 당신은 진심으로 온갖 자유를 누리고 있습니다. 당신의 새롭고 놀라운 삶 속으로 뛰어드십시오!

당신 자신의 이러한 삶의 모습을 밤에 잠들기 전과 아침에 일어난 후에 하루에 두 번 형식을 갖춰 그려보십시오. 잠시 동안 환상에 보이는 풍경 속을 돌아다니십시오. 주위를 둘러보고, 모든 것을 자세히 관찰하고, 그러는 동안 당신에게 밀려든 좋은 기분을 느껴보세요.

우리는 여기서 당신에게 요술을 부리려는 것이 아닙니다. 새로운 것과 미지의 것에 불안해하지 않고, 단지 잠재의식으로 하여금 변화에 찬성하도록 할 뿐입니다. 우리의 잠재의식은 우리의 의식적인 삶에 커다란 영향을 행사하는 아주 민감한 체계입니다.

심리학에서도 기억 내용의 사전 활성화인 '점화하기[+]'에 대해서 말하고 있습니다. 이것과 관련해 다음과 같은 광고 실험이 특히 잘 알려져 있습니다. 예컨대 '키츠와 투슈의 책을 사세요'라는 암시가 영화 속에 잠재의식적으로 숨겨져 있다면 실제로 그 책의 판매 부수가 증가한다는 것입니다.

우리의 시각화 과정도 이와 유사하게 이해할 수 있습니다. 즉 우리

[+] 점화하기(priming)란 선행 사건이나 자극이 후속 반응에 (어쩌면 무의식 수준에서) 영향을 미치는 현상, 즉 사전 정보를 이용함으로써 자극의 탐지나 확인 능력이 촉진되는 현상을 말한다.

의 잠재의식 내지는 무의식적으로 장기 기억에 저장된 내용이 활성화됩니다. 우리가 일상에서 실행 가능성이나 유용하고 목표 지향적인 정보를 접하게 되면 이러한 정보가 좀 더 빨리, 때로는 부분적으로라도 자각됩니다. 그러면 우리는 손을 뻗쳐 움켜잡고 그것을 이용할 수 있습니다.

자신의 변화를 주위에 널리 알려라

—

이미 시작된 변화로부터 지속적으로 효과를 얻기 위해서는 온갖 하부 체계(가족, 회사, 교우 관계)를 지닌 전체 체계(삶)가 이 발전을 따르고, 여기에 상응해 계속 발전하는 것이 중요합니다. 그렇지 않으면 매우 빨리 퇴보할 수 있습니다. 그렇게 되면 새로운 갈등이 생기게 됩니다. 포괄적인 의미에서, 즉 당신 자신과 동시대 사람이나 주변 세계와 상대할 때 변화를 위해 서두르지 마십시오. 변화를 향한 당신의 심정을 이해하지 못하는 것은 아닙니다. 하지만 '때로는 좀 더 느린 것이 좀 더 빠른 것이다'라는 말을 알고 있을 겁니다. 서두르고 압박을 받으면 예컨대 부주의로 인한 실수를 저지를 수 있습니다. 특히 서둘러서 일을 해치운다면 결국 더 오래 더 많은 시간을 필요로 하게 될 수도 있습니다. 실수를 바로잡지 않을 수 없기 때문입니다.

우리가 마침내 제거한 온갖 강박에 '실행 강박'이라는 또 다른 아주 새로운 강박이 첨가되어서는 안 됩니다. 그러니 신중하게 행동해야 합니다. 당신이 옮기는 걸음을 하나하나 점검하십시오. 당신이 체계 속의 작은 바퀴를 왜곡하면 다른 바퀴들도 자동적으로 함께 왜곡됩니다. 더 신중하게 행동하고, 한 번의 시행으로 인한 부작용도 기록하십시오. 이것은 직업과 동료 사이에서뿐만 아니라 이성 관계, 가족에게도 해당합니다. 그리고 인간이란 습관의 동물이고, 잠재의식 탓에 그리 신속하게 변하지 않으므로 우리는 (자신과 함께 살아가는 사람들에 대한) 참을성을 지닐 필요가 있습니다.

우리는 다른 사람들, 애인도 동료도 변화시킬 수 없고, 자녀들조차 변화시킬 수 없습니다. 당신은 사장을 마지막으로 언제 변화시켰습니까? 우리는 언제나 자기 자신에서부터 시작해도 됩니다. 우리는 그렇게 해왔습니다.

우리가 우리 자신을 커다란 기계장치의 조그만 바퀴로서 돌린다면 다른 것들은 자동적으로 함께 돌아갑니다. 주위 사람들은 우리의 활동을 통해 간접적으로 변화됩니다. 대단히 멋진 일입니다!

물론 변화는 나도 당신도 모르게 누군가의 등 뒤에서 아주 은밀히 일어나지 않습니다. 많은 경우 알리고 가르치는 일이 필요합니다. 이를 위해 우리는 실무 경험에서 충분히 입증된 '자기 보고'라는 방법을 알려주려 합니다. 이렇게 특별한 형태의 자유로운 의사소통법을 우리는 이 책에서 이미 상세히 기술했습니다. 우리는 이러한 맥락에서 특별한 양상에, 그러니까 여기서 우리의 주제인 욕구에 포커스를 맞춥니다. 저명한 갈등 연구자이자 의사소통 연구자인 마셜 로젠버그 Marshall Rosenberg의 나-전달법[*]은 다음과 같이 네 부분으로 이루어져 있습니다.

1. 관찰

"내가 _____ 을 보고/알아채고/확인한다면……"

(되도록 구체적으로, 중립적이고 정확하며 측정 가능하게, 평가하지

말고 직설적으로 기술해주십시오.)

2. 감정

"그러면 나는 _____ 라고 느낍니다."

(감정이란 당신의 마음속 깊이 자리하고 있는 것으로, 당신이 그것을

위해 책임을 떠맡을 수 있는 어떤 것입니다.)

3. 욕구

"나는 _____ 에 대한 욕구가 있기 때문에……"

(욕구들로 당신은 지금 자신을 가장 잘 알 수 있습니다.)

4. 소망

"나는 당신에게 부탁하고, _____ 을 하고/시킵니다."

(당신의 소망이 구체적으로 표현될수록 상대방은 그것을 좀 더 쉽게

실현할 수 있습니다. 감추어진 요구가 아니라 진정한 소망이 중요함

을 유의하십시오.)

예를 들면 크리스티네는 전에 이렇게 말하는 경향이 있었습니다.

"제기랄. 마티아스, 당신 잔소리 얼마나 짜증나는지 알아? 언제 뭘

✦ 나-전달법(Ich-Botschaft, I message)은 나를 주어로 사용하여 상대방의 행동에 대한 나의
생각이나 감정을 표현하는 방법이고, 너-전달법(Du-Botschaft, You message)은 상대방을
주어로 하여 상대방을 질책하거나 책임을 전가하는 듯한 느낌을 받게 표현하는 대화법을
말한다.

어떻게 해야 하는지 나도 잘 알고 있다고!"

마티아스가 그런 상황에서 어떤 반응을 보였을지 알아맞혀보십시오. 곧장 이런 식으로 맞받아 비난을 퍼부었습니다.

"당신은 그렇게 잘 안다면서 어떻게 소파 밑을 이 지경으로 놓아둘 수 있어?"

두 사람은 점점 더 언성을 높이게 되었습니다. 크리스티네는 전형적인 너-전달법으로 말하고 있습니다. 상대방은 그것을 공격과 비난으로 느낍니다. 사람들은 공격과 비난에 어떤 반응을 보입니까? 맞받아 공격하고 비난합니다. 이런 식으로는 일이 진척되지 못하고 결국 무승부로 끝납니다.

현재 크리스티네는 의사소통의 대안을 알게 되었습니다.

"내가 야근하고 와서 두 시간을 욕실에 쭈그리고 앉아 틈새를 깨끗이 닦고 있을 때, 당신은 인사도 하지 않고 집에 들어와 말 그대로 '여긴 돼지우리 같아'라고 하면(관찰), 나는 기분이 나쁘고 실망하게 돼(감정). 나도 내가 한 일에 대해 인정과 가치평가를 받고 싶은 욕구가 있기 때문이야(욕구). 그래서 나는 어떻게 하면 집안일을 더 잘할 수 있을지, 오늘밤 당신과 같이 곰곰 생각해보고 싶어(소망)."

이러한 형태로 의사소통을 하는 명백한 장점은 이렇습니다.

- 객관적인 관찰을 통해 일반화하므로 반격당할 위험이 없습니다.
- 진실한 감정을 알림으로써 상대방이 이 감정을 앗아갈 수 없게 됩니다.

- 욕구는 상대방에게 현 상황을 분명하게 밝히고, 이해심을 불러일 으킵니다.
- 다시금 이러한 이해심은 상대방으로 하여금 우리의 구체적인 소망 을 쉽게 실현해주게 합니다.
- 그리고 우리가 아무에게도 마음의 상처를 주지 않고, 아무에게도 부당한 일을 하지 않는다는 사실이 매우 중요합니다.

욕구를 알림으로써 상대방은 바로 또 다른 욕구인 명확함을 얻게 됩니다. 사람들이 명확하게 파악하고, 상황을 이해하고, 공감할 수 있 을 때에야 비로소 그들은 그 일에 관여하고, 다른 사람에게 다가갈 준 비가 됩니다. 이로써 자기 보고는 다른 이들이 우리의 문제를 지각할 수 있도록 돕고, 우리의 세계에 한 걸음 더 다가와서 욕구를 알게 하 는, 상대방에게 보내는 일종의 초대장인 셈입니다.

출발은 나를 바꾸기보단 사랑하는 것에서부터
—

우리 책의 대부분은 변화를 다루고 있습니다. 이제는 온갖 종류의 강박을 알게 되었습니다. 우리는 강박이 우리의 직업적인 환경에서 우리의 다른 삶으로 어떻게 점차 스며드는지 보았습니다. 하지만 이 러한 강박의 장점도 인식했습니다. 강박은 우리에게 어떤 구조를 제 공함으로써 안정을 줍니다.

우리는 당신의 현재 모습에 대한 역할 내지는 내부의 싸우길 좋아하는 싸움닭들을 확인할 수 있었습니다. 발전의 기회를 제공해준다는 의미에서 갈등에 대한 새롭고 긍정적인 이해는 더 깊숙한 곳에 있는 영역인 욕구에 도달할 수 있게 해줍니다. 그사이 상이한 역할의 욕구는 서로 간에 보상을 하고, 당신은 즉각적인 실행을 위한 구체적인 요점을 간결하게 표현했습니다.

결론적으로 가장 본질적인 요점을 알려드리고 싶습니다. 당신이 자기애를 더 많이 허용할수록 이 책에서 논의해온 것을 더욱 효과적으로 만든다는 것입니다.

당신은 얼마나 자주 거울을 들여다봅니까? 이때 어떤 느낌이 듭니까? 적지 않은 사람들이 자신을 마주하는 일을 힘들어합니다. 그것은 자기애와 관련이 있습니다. 자기애는 자의식이나 자신감과 밀접한 관련이 있습니다. 자기애는 계속 변합니다. 때로는 강해지기도 하고 약해지기도 합니다. 본질적으로 자기애의 강도는 우리가 자신을 얼마나 잘 알고 있느냐에 달려 있습니다. 앞의 장章들은 자신의 내면에 좀 더 가까이 다가가는 데 기여했습니다.

물론 삶에서 모든 것이 그렇듯이 그것은 상당한 양의 일을 의미합니다. 하지만 우리는 이제 더는 일을 다른 영역과 구분하지 않습니다. 이런 종류의 일은 재미를 주고 항상 보답을 받습니다. 왜냐하면 우리가 자의식이 강할수록, 우리가 자신을 더 많이 받아들이고 사랑할수록 우리의 삶이 쉬워지기 때문입니다.

우리가 자신과 다투는 힘든 상태에 있다면 엄청나게 많은 에너지가 소비됩니다. 그럴 경우 정작 중요한 일에 쓸 에너지가 닳아버리거나, 남아 있는 힘을 마음대로 쓸 수 없게 돼버립니다. 그래서 우리가 함께 과정을 마친 후인 바로 지금, 다음 행동이 무척 중요합니다. 자신을 사랑하면 언제나 목표를 실현할 만한 충분한 에너지를 갖게 됩니다. 충분한 에너지로 성공을 거둘 수도 있습니다. 이로써 사랑, 자기애는 '선순환'을 하게 됩니다. 즉 자기효과를 경험하게 되고 그럴수록 더 많은 성공을 경험하게 됩니다. 우리의 일이 잘되고 성공적일수록 우리는 더욱 자부심을 갖게 되고, 자신을 더욱 사랑할 수 있게 됩니다.

자기애는 우리가 태어나면서부터 얻은 권리입니다. 그것은 우리 모두에게 본래 숨 쉴 공기처럼 너무나 자명한 것입니다. 그것은 우리의 토대입니다. 그렇기 때문에 시간이 지남에 따라 자기애가 사라졌다 해도 원칙적으로 그것을 소생시킬 수도 있습니다. 자발적으로 말입니다. 자기애는 무척 빨리 성장할 수 있습니다. 당신은 거울 속의 자기 모습을 관찰하고 웃으며, 마음 깊은 곳에서 자신을 칭찬할 수 있습니다. 이런 이유에서 화해가 중요합니다.

용서라는 주제에 대해 우리는 이미 얘기했습니다. 특히 화해의 편지를 쓰라고 제안하고 싶습니다. 당신은 그 이상의 일도 할 수 있습니다. 예컨대 자신에게 보내는 '연애편지'를 작성할 수 있습니다.

서두르지 말고 방해 요인을 모두 없애도록 하세요. 버릇대로 아늑한 저녁을 보내고 싶은 유혹을 느낄 수도 있으니, 야외로 나가 편안한 장소에서 맛있는 음료수를 한잔 마십시오. 그런 다음 연필과 종이 한 장을 집어 드십시오. 잠시 두 눈을 감고 내면의 눈으로 자신을 관찰하십시오.

그런 다음 자신이 가장 친한 친구이거나 사랑하는 관계의 누구라고 상상하십시오. 혹시 이렇게 시작될지도 모르지요.

사랑하는_____에게
우리가 알게 된 지도 벌써 오랜 시간이 흘렀어. 그런데 유감스럽게도 서로에게 거의 시간을 내지 못하고 있네. 나는 오늘부터 너의 좋은 점에 대해 편지를 쓰면서 서로에게 집중하지 못했던 것을 완전히 의식적으로 바꾸겠어……

그런 다음 자신의 장점과 능력에 대해 쓰십시오. 멋진 사건에 대한 이야기나 자신을 무척 자랑스럽게 생각한 상황에 대한 이야기도 쓸 수 있습니다. 자신에게 감사의 뜻을 표하고, 진심으로 안부를 전하십시오.

자신에게 보내는 편지는 이메일로도 보낼 수 있습니다. 또는 집 주소를 써서 우체통에 넣을 수도 있습니다. 다른 사람들에게 세세한 이야기를 퍼뜨릴 필요는 없습니다. 예컨대 3주 내로 당신에게 편지를 보내달라고 믿을 만한 친구에게 부탁하십시오. 그리고 그때까지 이런 편지를 보냈다는 사실을 잊으십시오. 당신은 그만큼 놀라게 되고 그런 만큼 더 큰 기쁨을 맛보게 됩니다. 편지 내용을 전혀 다르게 성찰할 수도 있고 이것은 자신에게 정서적인 영향을 끼치게 할 수 있습니다.

그러한 편지를 차분히 정기적으로 자신에게 쓰십시오. 그러면 분명 자기애에 긍정적인 영향을 미칠 겁니다.

처음에는 그런 훈련이 당신에게 약간 생뚱맞고 어색할지도 모릅니다. 사실 자신이 삶에서 가장 중요한 사람인 것을 감안할 때 우리가 자신을 긍정적으로 주목하는 데 익숙지 않은 것은 무척 모순된다고 할 수 있습니다. 우리는 항상 너무 소홀히 다루어지고 있습니다.

그런 연애편지를 쓴다고 사실 상황이 당장 바뀌지는 않습니다. 그렇지만 기본 감정이 상당히 개선됩니다. 그 결과 그 변화는 외부적으로도 긍정적인 작용을 합니다.

친애하는 독자 여러분, 우리는 당신들 모두가 서로 다르고 유일무이하다는 것을 잘 알고 있습니다. 그 때문에 우리는 당신의 개인적인 욕구를 부각하는 데도 심혈을 기울입니다. 이와 동시에 모두가 우리의 작업방식과 훈련에 상이하게 접근할 수도 있습니다. 그 때문에 우리는 다른 타입의 연애편지를 제시하겠습니다. 당신은 두 가지 훈련을 대안적으로 또는 자연스럽게 결합하여 실제에 적용할 수도 있습니다.

몇 주에 걸쳐 다음 훈련을 꾸준히 하고, 그런 후에 언제나 다시 하는 것이 가장 좋습니다. 그러면 정말 놀라운 변화가 일어날 것입니다.

아무런 방해도 받지 말고 될 수 있는 한 큰 거울 앞에 서십시오. 그 앞에서 키가 커 보이도록 차렷 자세를 하십시오. 그런 다음 당신이 왕자나 공주라고 상상하십시오. 몸을 곧추세우고 두 어깨의 힘을 뺀 채 복부로 고르게 심호흡을 하십시오.

이 동작을 천천히 시작하고 상냥한 미소를 지으면서, 이 미소를 잠시 즐기십시오. 그런 다음 거울에 비친 당신에게 다음과 같은 멋지고 사랑스러운 말을 하십시오.

"난 현재 그대로의 네가 좋아."
"난 네가 있어서 기뻐."
"너는 순조로운 길을 가고 있어."

이런 식으로 말을 좀 더 계속하고, 당신의 목소리로 장난을 치면서 그것이 점점 더 사랑스럽게 울리도록 하십시오.

아마 처음에는 이런 훈련도 당신에게 하나의 도전일 겁니다. 하지만 어떻게 될지 누가 알겠습니까? 저항이 있는 곳에 길이 있습니다. 당신이 특정한 사건을 위해 최고의 능률을 내고자 할 때, 예컨대 면접, 시험, 협상의 경우나 중요한 인물을 만날 때 이런 훈련이 탁월한 효과를 냅니다. 당신이 삶을 지금 막 재편하는 중이므로 다음 순간에는 그러한 초대장이 분명 당신을 기다릴 겁니다. 당신의 그림자, 거울에 비친 당신의 모습 위로 뛰어오르십시오. 용기를 내십시오.

그리고 말이 나온 김에 이런 말을 덧붙이겠습니다. 당신이 충만한 애정 관계를 원한다면(당신의 새로운 생활 설계에서 그런 바람을 가질 수도 있습니다) 이를 위한 최상의 토대는 자기애입니다.

끝이 좋으면 모든 것이 좋습니다!

이 책은 한동안 당신의 길 안내자였습니다. 우리는 강박의 세계에서 자유와 홀가분한 세계로, 나만의 행복이 있는 참된 삶으로 돌아가는 여행을 했습니다. 당신은 자신의 진정한 내적인 감정, 욕구, 소망을 스스로를 위해 재발견했습니다. 자신의 핵심에 이처럼 집중함으로써 역할에서 벗어나, 동시에 생활 영역의 인위적이고 유해한 구분을 멀리하게 되었습니다. 당신은 통일체가 됩니다. 그사이에 당신은 더 이상 전혀 아무것도 강제로 할 필요가 없습니다! 이제부터는 그냥 더할 수 있거나 해도 될 뿐입니다. 그런데 단 한 가지 사실만은 유념해야 합니다. 자신의 내적인 자아와 계속 만나고, 자신의 심적 상태를 언제나 아주 진지하게 받아들이십시오. 그것이야말로 궁극적으로 만족과 성공의 보증수표이자 행복의 보증인입니다.

이 모든 과정과 당신의 전도유망한 앞날에 힘을 실어주기 위해 어떤 세리머니를 준비했습니다. 그러한 의식儀式은 고도의 상징적 의미를 띤, 정해진 규칙에 따라 진행되는 성대한 축제 행위입니다. 의식은 정서적인 구속력을 낳습니다. 우리의 의뢰인들은 이것을 어떻게 생각했는지 알려드리겠습니다.

크리스티네는 그녀의 현재 모습 사진을 크게 확대해서 인화했습니다. 그것으로 배를 접은 다음, 그 배에 작은 양초를 넣고는 남편과 함께 소풍을 가서 그것을 강물에 띄웁니다. 마찬가지로 확대한 목표 사진을 작은 배로 접어 침실 장롱에 올려둡니다. 잠들 때나 일어날 때 그녀는 그 안에 자신의 새로운 삶이 담겨 있음을 상기합니다.

알렉스는 어느 주말에 특별히 시간을 내서 포르셰를 빌리고 여자친구 리자와 함께 부모님을 뵈러 함부르크로 갑니다. 그는 집에 포르셰 모형을 갖고 있습니다. 그는 이것을 그의 새로운 삶을 위한 상징으로 책상 위에 올려놓고, 그것을 보면서 항시 자신의 목표를 떠올립니다.

이제 마지막으로 당신의 차례입니다.

1001개의 가능성이 있다는 게 물론 당신 자신의 의식에도 다시 적용됩니다. 당신이 구체적인 계획에 들어가면 특히 다음과 같은 질문을 할 수 있습니다.

☐ 의식을 통해 달성하고 싶은 게 무엇인가?

☐ 어디서 의식을 치르고 싶은가?

☐ 그때 그곳에 누가 있으면 좋겠고, 어떻게 초대하면 될까?

☐ 어떤 이미지, 상징을 활용하고 싶은가?

☐ 누가 그 의식을 이끌 것이며, 어떤 식으로 연출할 것인가?

☐ 언제 의식을 치를 것이며, 얼마나 오랫동안 할 것인가?

☐ 음식, 음료, 음악, 노래, 연설, 시, 주문 등의 기본 조건은 어떻게 할 것인가?

당신의 창의성에는 어떠한 한계도 없습니다. 변화 과정에 밑그림이 되는 것이라면 무엇이든 다 좋습니다. 특정한 상황과 작별을 고하고 다른 상황을 맞아들이는 것, 요컨대 당신의 새로운 삶을 진정한 자유 속에서 상징하는 것이면 무엇이든 다 좋습니다.

우리는 그저 당신이 최고로 잘되기를 바랄 뿐입니다!

우리의 진정한 삶으로 돌아가는 여행이기를

카프카의 소설 『성』에서 주인공 K는 성城의 토지 측량사로 초빙받아 성 아래에 도착하지만 성 안으로 들어가는 길을 찾지 못한다. 성에 들어가지 못한 K는 자신이 원하는 안정된 직장을 얻지 못하고 학교의 임시 관리인으로 일하다가 쫓겨난다. 우리는 이 소설을 통해 정규직을 의미하는 '성'으로 들어가는 길을 찾아 헤매는 취업자들의 고용 문제를 떠올리게 되고, 더불어 심각한 사회 문제가 된 요즈음의 불완전 고용과 비정규직 문제도 생각하게 된다.

『성』의 주인공인 K와 달리 토마스 만의 소설 『마의 산』의 주인공인 한스 카스토르프는 번듯한 조선회사에 취직하지만, 연수를 받기 전에 사촌을 문병하러 결핵 요양원에 갔다가 그곳에서 그만 7년이란 세월을 보내게 된다.

20세기 초의 시대정신을 지닌 카스토르프는 사실 일을 존중하고,

일을 해야 한다는 의무감은 있지만 진정으로 일을 사랑하지는 않는다. 힘든 일은 그의 신경을 피로하게 하고 그를 기진맥진하게 하므로 일은 자신에게 맞지가 않고, 그 자신은 자유로운 시간, 홀가분한 시간을 훨씬 더 사랑하기 때문에 일을 사랑할 수 없다는 것이다. 오늘날 취직을 못해 고통을 겪는 젊은이들의 처지에선 카스토르프의 일에 대한 한가한 생각은 현실성이 없는 배부르고 사치스러운 것이라고도 볼 수 있다.

한스 카스토르프의 경우에서 보듯이 일은 꼭 해야 하는 것이지만 하기 싫은 것이기도 한 양면적 성격을 지니고 있다. 그렇다면 카프카의 『변신』에서 주인공인 그레고르 잠자가 갑충으로 변신하면서 가족의 생명줄인 일자리를 잃고 가족을 충격과 절망에 빠뜨리게 된 것은 어떻게 설명해야 할까? 그레고르는 출장 영업이란 일을 지긋지긋하게 생각하고 나름대로 자아실현을 하려고 꿈꾸었는데, 그런 꿈이 그로테스크한 현실로 나타난 것은 아닐까? 최근 조사에 따르면 독일 직장인의 거의 90퍼센트가 직장에 전혀 유대감이 없거나 아주 조금 느낀다고 한다.

폴커 키츠와 마누엘 투슈는 이 책에서 직장인이 직장생활의 여러 가지 스트레스, 즉 성과주의, 완벽주의, 자아실현, 균형 강박 때문에 행복으로부터, 자기 자신으로부터 멀어지고 있음을 경고한다. 우리나라의 직장인도 매년 더 높은 목표를 달성하라는 성과 강제와 성공 강박에 시달리고 있다. 하루의 길이는 그대로지만, 우리가 같은 시간에 해야 하는 일의 양은 점점 늘어난다. 또한 우리는 성과를 토대로 평가받으며, 늘 남들과 경쟁하고 비교당하며 살아왔기에 도대체 인생에서 성공이 무엇인지 정의하지도 않은 채 자신보다 나은 사람과 비교하면서 성공해야 한다는 강박에 시달린다.

이 책의 두 저자는 우리가 겉으로는 자유를 만끽하며 사는 것 같지만 실은 자유롭지가 않고, 우리 자신을 위한 일을 하지 못하고 오히려 예전보다 더 불행한 삶을 산다고 말한다. 우리는 번듯한 직업을 갖고 있어야만 우리의 삶에 의미와 가치가 있는 것으로 인정받는다. 또한 우리는 일을 완벽하게 해야 하는 데서 스트레스를 받는 것은 물론, 여가생활조차 남에게 보여주고 인정을 받아야 하는 일이 되어버린 탓에 더욱 스트레스를 받게 되었다.

이 때문에 현대인은 지속적이고 반복적으로 수행되는 과도한 업무들에 치여 모든 에너지가 소진되고, 그 결과 업무에 대한 의욕이 떨어지는 '번아웃' 증상이나 직장에서 겪는 지루함과 단조로운 업무로 생기는 '보어아웃' 증상에 시달리기도 한다. 결국 우리는 다람쥐 쳇바퀴 돌기의 희생자인 셈이다.

두 저자는 이 책에서 우리가 깊은 내면에서 정말 원하는 것이 무엇인지 알아내도록 제안하고 이를 더욱 발전시킨다. 자신의 욕구를 인식하는 것이 강박에서 벗어나는 열쇠다. 우리가 원하는 것이 무엇인지 실제로 인식했다면 이를 가족이나 주변의 다른 사람들에게 알리고, 더 큰 갈등을 초래하지 않고 자신의 내적 소망을 현실화하는 방법을 상의해야 한다. 저자들은 이러한 과정을 위해 일련의 실제적인 제안을 한다. 즉 저자들은 자기 코칭 프로그램에서 자신의 욕구를 재발견해 실현하도록 안내한다.

이처럼 독자는 이 책을 통해 강박의 세계에서 자유와 홀가분한 상태로, 우리의 진정한 삶으로 되돌아가는 여행을 하고, 자기 자신을 위해 우리의 진정한 내적 감정, 욕구와 소망을 다시 발견하게 된다. 이 책이 독자로 하여금 자신의 삶을 되돌아보고 더 많은 행복과 만족을 얻는 실제적인 발걸음을 내딛도록 하는 데 기여한다면 목적을 달성한 셈이다. 그 방법이 촉매제가 될 수 있고, 마지막에 합리적이고 실제적인 충고를 담고 있다는 점에서 유익하다. 이 책은 구체적인 훈련법을 알려주고 있으며, 그 해답이 실천 가능한 현실적인 방법이라는 점에서 누구나 공감할 수 있을 것이다.

홍성광

옮긴이 **홍성광**

서울대학교 독문과를 졸업하고 동대학원에서 문학박사 학위를 받았다. 옮긴 책으로는 토마스 만의
『베네치아에서의 죽음』『마의 산』『부덴브로크 가의 사람들』, 프란츠 카프카의 『변신』『소송』『성』,
페터 한트케의 『어느 작가의 오후』, 괴테의 『이탈리아 기행』, 니체의 『차라투스트라는 이렇게 말했
다』, 미하엘 엔데의 『마법의 술』, 에리히 레마르크의 『서부 전선 이상 없다』, 하이네의 『독일. 겨울동
화』 등이 있다. 현재 전문 번역가로 활동 중이다.

우리는 왜 혼자일 때 행복할까

초판인쇄 2011년 10월 28일
초판발행 2011년 11월 4일

지은이 폴커 키츠, 마누엘 투슈
옮긴이 홍성광
펴낸이 강병선

기획·책임편집 형소진 | 편집 임혜지 방재숙 오동규 | 디자인 이경란 이주영
마케팅 방미연 우영희 정유선 나해진 | 온라인 마케팅 이상혁 한민아 장선아
제작 안정숙 서동관 김애진 | 제작처 상지사 P&B
펴낸곳 (주)문학동네
출판등록 1993년 10월 22일 제406-2003-000045호
주소 413-756 경기도 파주시 문발동 파주출판도시 513-8
전자우편 editor@munhak.com | 대표전화 031)955-8888 | 팩스 031)955-8855
문의전화 031)955-8889(마케팅), 031)955-2681(편집)
문학동네카페 http://cafe.naver.com/mhdn
문학동네트위터 http://twitter.com/munhakdongne

ISBN 978-89-546-1623-2 03320
* 이 도서의 국립중앙도서관 출판시도서목록(CIP)은 e-CIP 홈페이지(http://www.nl.go.kr/ecip)와
  국가자료공동목록 시스템(http://www.nl.go.kr/kolisnet)에서 이용하실 수 있습니다.
  (CIP제어번호: CIP2011004151)

www.munhak.com